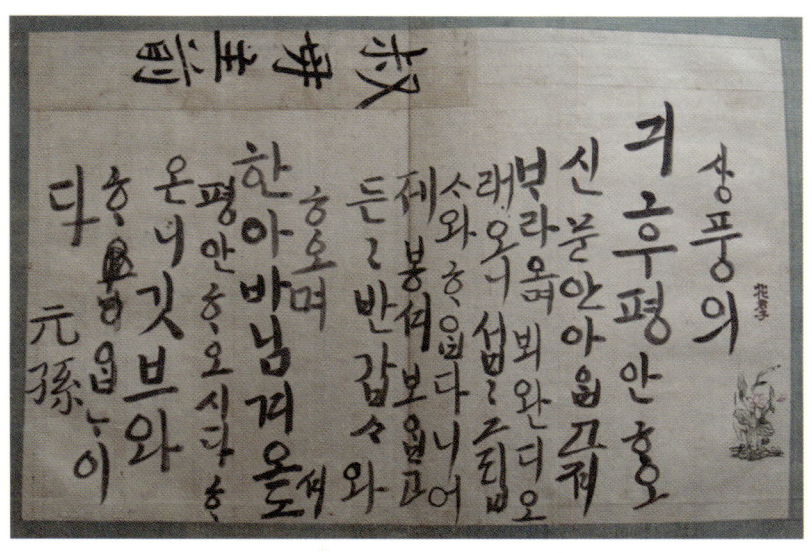

원손예필, 국립한글박물관 소장
정조가 원손(元孫) 시절에 큰 외숙인 홍낙인의 부인
여흥 민씨에게 보낸 한글 편지이다.

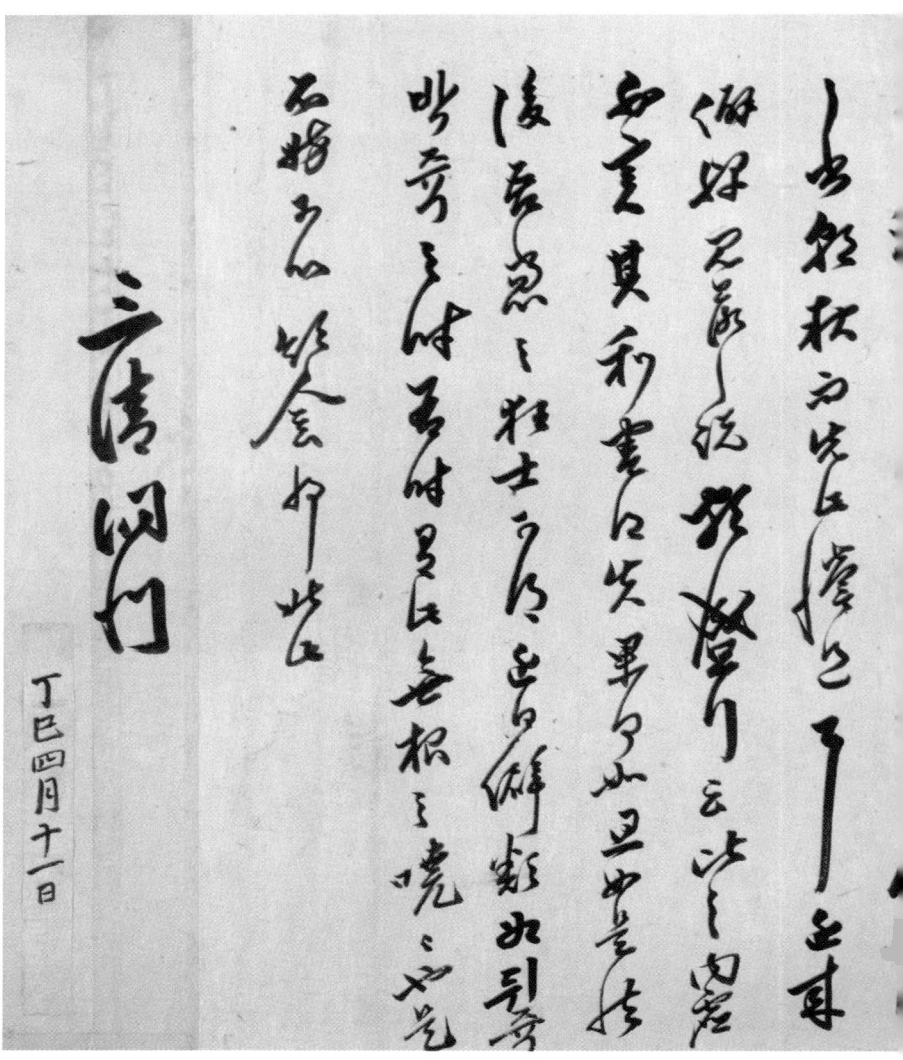

정조어찰 '뒤죽박죽', 개인소장

"요사이 벽패(僻牌)가 떨어져나간다는 소문이 자못 성행한다고 한다. (……) 지금처럼 벽패 무리들이 '뒤죽박죽'되었을 때는 종종 이처럼 근거 없는 소문이 있다 해도 무방하다."

唯書釋悶可得否 安未比 天為
渴也事唯夜不可接目好覽一阿
神意樂不已因構遣招之草之
未終多自惟之置署去樂何全不
知共否之 要之 搖惆不審可必當
樂脂殊之毒可課因於筆之去耶拍
即得再惟粗忡究諸云董吾出詐
泹覺深可唯惟拟藏疑遲之說也

領議政文忠公晚圃沈先生眞

심환지 영정, 경기도박물관 소장, 보물 제1480호

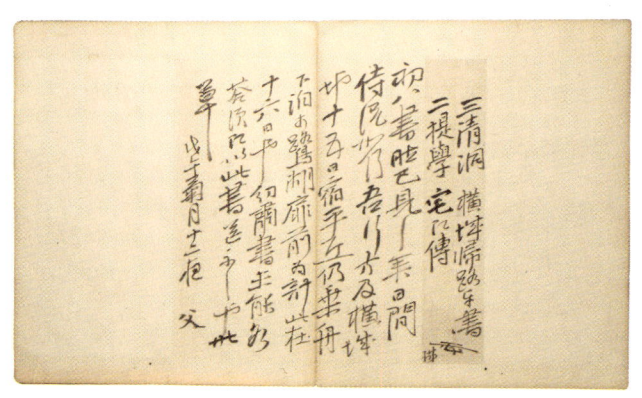

送二提學遊金剛

忽憶雲安聽酒濤金剛
八月拚慶拖烟光知是
蓬萊近秋色爭如海
嶽高旅卽黄公臺上
鶴經綸任子釣邊鰲峛
能認我宵衣夢翰浮
民情入彩毫

「금강산에 놀러가는 이제학을 보내며送二提學遊金剛」
1798년 여름 금강산으로 떠나는 심환지에게 준 정조의 어제어필 시다.

「가장유적」에 실린 심환지의 편지, 경기도박물관 소장
우의정에 임명되고 금강산 유람을 마친 심환지가 1798년 9월 12일 밤
아들에게 보낸 편지. 심환지의 독특한 필체가 잘 나타나 있다.

若眠之時以吾日飲赤氷
幾鉾黃連幾貼之熱
肺煩腔差覺有藥意以
一詩記之
長安大道平如砥積雨
新開長安市飛空銀
索十日圓一注鴈宕千丈
水溪渤動鼉魚龍窟江
漢薊蔘牛馬涘西風夕
撼大塊來空瀾炎雲九萬
里使我披襟芙蓉殼洞

어찰과 시(부분), 경기도박물관 소장

심환지에게 보낸 정조의 어찰과 겉봉투. 1800년 6월 9일. 별지(別紙) 성격을 지닌 것으로 5월 그믐날 「오회연교五晦筵教」를 반포하고 난 뒤 정국상황을 긍정적으로 보고 심환지에게 밝은 기분으로 감회를 읊은 시를 보냈다. 한편, 이 편지에서도 "나는 날마다 적빙(赤冰) 몇 사발과 황련(黃蓮) 몇 첩씩을 마시는데, 폐의 열과 답답한 속이 다소 상쾌해지는 느낌이 든다"고 말해 건강이 좋지 않음을 토로했다.

積雨新晴雲開萬里
對此欣然若可以濯塵
垢而淨俗陋也數昨臨
蓮洞言矯俗不率教之
獎固知獎革心者欲暴
而無以自致欲革面者欲
改而迷於其方狃於見
聞者懦則怯頑則忍而
雖覺有先後終當歸於
一軌顧靜坐默想其暴
酷之狀好供一噱比之

駒角之自鳴山上雄漬者
皇極康而色散爾千樹
爭紅紫蓋開修道之謂
教禮樂刑政而已矣

康熙□月朔九日

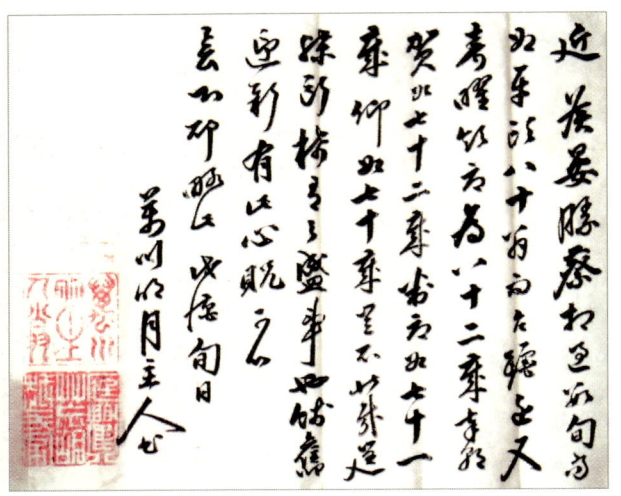

정조가 1798년 12월 10일 우의정 심환지에게 보낸 새해 편지, 심환지 후손가 소장.

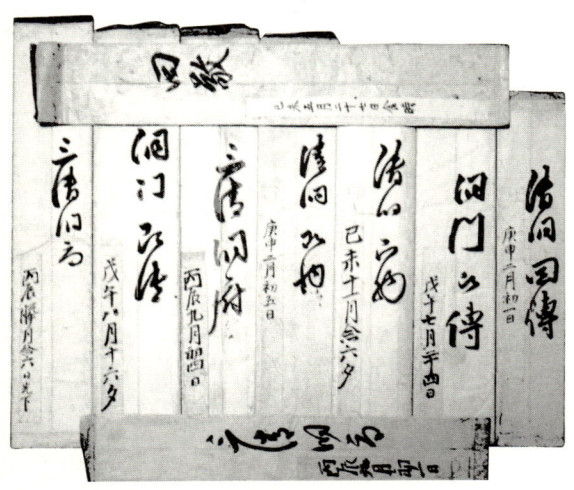

걸봉투와 쪽지 몇 가지를 정리한 사진, 심환지 후손가 소장.
정조가 심환지에게 보낸 어찰의 걸봉투. 편지의 수신처는 정조의 친필이다.

정조의 비밀편지

02 키워드 한국문화

정조의 비밀편지

안대회 지음

문학동네

비밀편지로 보는 정조와 그의 시대

정조와 그의 시대는 요모조모 뜯어보면 볼수
록 흥미를 불러일으킨다. 화석화한 어떤 딱딱한
물건이 아니라 살아 있는 생명체와도 같이 새롭
게 해석해주기를 기다리는 말랑말랑한 존재로
보인다. 정조의 비밀편지도 거의 틀림없이 그런
물건이다.

심환지에게 보낸 정조의 어찰御札은 올해 비
로소 세상에 그 존재와 가치가 알려진 낯선 사료
이다. 정조를 둘러싼 역사적 사실과 사료가 제법
많고, 널리 알려진 내용도 적지 않다. 반면에 이
비밀편지는 존재 자체가 알려진 게 최근인데다
가 깜짝 놀랄 만한 내용이 많아서 세상과 학계에
큰 관심거리로 대두했다.

비밀편지는 기왕에 밝혀진 사료와는 성격이
판이하다. 이 특별한 사료의 등장은 정조와 그

시대의 역사를 새롭게 보도록 충동질한다. 법원의 판결이 끝난 지 수십 년이 지난 사건에 판결을 뒤집거나 큰 영향을 끼칠 새로운 증거물이 등장한 것과도 같다. 그 때문에 많은 논란이 진행되는 중이고, 앞으로도 그럴 것이다.

정조는 제왕으로서는 드물게 글쓰는 것 자체를 즐겼다. 특히 가까운 신료나 친지 들과 편지를 주고받는 일에 특별한 취미를 가졌다. 그의 편지쓰기가 정치적 행위의 일환임을 부정할 수는 없다. 그러나 그의 편지 애호는 권력의 행사에만 몰두하는, 그저 정치인이기만 한 수많은 고금의 정치가와는 격조가 다른 행위이다. 바쁜 시간을 비집고 붓을 휘둘러 편지를 쓰는 정조의 모습은 상상만 해도 인간적 체취가 느껴진다. 비밀편지를 비롯한 어찰첩을 연구하면서 그를 사랑하는 마음이 드는 것은 그 때문이다.

필자는 『정조어찰첩』을 발굴하여 소개하는 데 참여하면서 비밀편지가 지닌 문화사적 의미와 가치를 밝히는 데 초점을 맞춰 연구를 진행해왔다. 『정조의 비밀편지』는 그 같은 최근 연구성과를 풀어서 정리한 책이다. 이 책이 어찰이라는 눈을 통해 정조와 그의 시대를 들여다보는 작은 출발이 되기를 바란다.

2009년 겨울
안대회

『정조어찰첩』의
출현

정조는 개혁을 추진한 학자풍 군주로서, 조선 전기의 세종과 더불어 성군聖君 이미지로 한국인에게 각인되어 있다. 그런 정조가 보낸 비밀편지는 자신을 독살했다고 오해할 만큼 적대적 관계로 알려진 심환지를 적극적으로 회유하고, 막후에서 비밀스런 지시와 조정을 주도하는 노련한 정치가의 수완과 동태를 생생하게 보여주었다. 민감한 정치적 사안이 담겨 있어서 국왕이 없애라고 명령한 문건인데도 고스란히 남아 있다는 사실이 관심을 한층 증폭시켰다. 게다가 비밀편지는 국왕 정조의 가볍고 다혈질적인 성미까지 폭로했다.

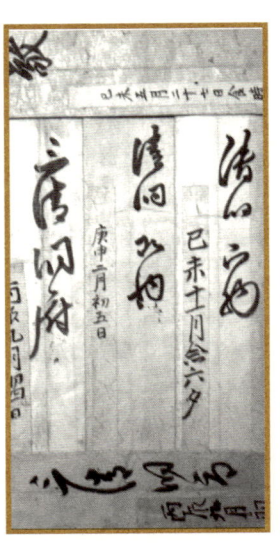

2009년 2월 9일, 성균관대학교 600주년 기념관에서는 심환지沈煥之에게 보낸 정조正祖의 어찰御札 297통을 공개하는 기자회견이 열렸고, 같은 장소에서 어찰의 학술적 가치를 조명하는 학술대회가 개최되었다. 『정조어찰첩』의 내용은 세상을 떠들썩하게 만들었고, 역사학계에서는 매우 충격적인 사료가 등장했다고 평가했다. 그 이후 『정조어찰첩』을 둘러싼 논쟁이 학계와 언론에서 크게 확산되었고, 정조의 정치 스타일을 두고 정치권까지 파장이 이어졌다.

『정조어찰첩』이 나타났다

정조는 개혁을 추진한 학자풍 군주로서, 조선 전기의 세종과 더불어 성군聖君 이미지로 한국인에게 각인되어 있다. 그런 정조가 보낸 비밀편지는 자신을 독살했다고 오해할 만큼 적대적 관계로 알려진 심환지를 적극적으로 회유하고, 막후에서 비밀스런 지시와 조정을 주도하는 노련한 정치가의 수완과 동태를 생생하게 보여주었다. 민감한 정치적 사안이 담겨 있어서 국왕이 없애라고 명령한 문건인데도 고스란히 남아 있다는 사실이 관심을 한층 증폭시켰다. 게다가 비밀편지는 국왕 정조의 가볍고 다혈질적인 성미까지 폭로했다. 오랫동안 근엄한 개혁적 제왕의 이미지로 굳어진 정조는 어찰첩이 출현한 이후 현실 정치가로, 한 사람의 인간으로 재등장했다. 한편으로는 정조를 독살했다고 알려진 심환지에게 보낸 일련의 편지이기에 정조 독살설을 둘러싼 찬반논쟁이 뜨겁게 달아올랐다.

6첩 297통의 비밀편지를 모은 『정조어찰첩』이 폭발적 관심의 대상이 된 것은 결코 호들갑을 떠는 행태이거나 과도한 관심이라고 말할 수 없다. 그만큼 조선의 국왕과 정치행태를 바라보는 기본틀을 흔들 수도 있는 아주 민감한 사료이고, 다른 어떠한 사료와 비교해서도 손색이 없는 흥미로운 사실이 풍성하게 담겨 있기 때문이다.

조선시대 국왕의 편지는 많다고 말할 정도는 아니지만 그래도 제법 남아 있다. 특히, 정조의 어찰은 어떤 국왕의 편지보다도 많은 수량이 전해지고 그런 만큼 소개도 제법 되었다. 그러므로 새롭게 발굴한 어찰첩이 새삼스러울 것이 없다고 평가하기 쉽다. 그러나 실정은 전혀 그렇지 않다. 이 어찰첩은 지금까지 세상에 공개된 많은 어찰과는 근본적으로 차원이 다르다. 『정조어찰첩』의 세계를 자세히 살펴보기 전에 이해를 돕기 위해 그것이 지닌 유별난 의의를 거칠게나마 정리해볼 필요가 있다. 대략 다음과 같이 요약할 수 있다.

1) 무려 297통이라는 많은 양이 하나의 첩으로 구성되었다. 이 수량은 일반인 편지에서도 드물고, 국왕의 경우에는 기대하기 어렵다. 지금까지 정조를 제외한 국왕은 297통은커녕 100통도 남긴 경우가 없다. 더욱이 흩어진 것까지 합하면 모두 350통이 넘는다.

2) 심환지1730~1802라는 고위관료 한 사람에게만 4년 동안 집중적으로 보낸 편지이다. 다수에게 장기간 보낸 편지보다도 사료로서 더 풍부한 가치를 지닌다.

3) 『어찰첩』은 존재 자체가 기적이다. 국왕이 지속적으로 폐기하라고 명령했으므로 세상에 존재하는 것이 원천적으로 불가능한 사료이다. 심환지가 어떤 이유에선지 왕명을 거스르고 보존한 덕택에 현존한다.

4) 편지는 안부를 묻는 기능이 다른 기능에 앞선다. 조선시대 사대부의 편지는 학문을 논하는 기능이 상당히 발달했다. 반면에 정조의 어찰은 정치현안을 지시하고 정보를 교환하는 정치적 기능이 중심을 이룬다. 편지의 기능 측면에서 특수한 사례이다.

5) 제삼자에게 보이는 것을 금지한 비밀편지이다. 비밀스런 문서교환의 기능이 편지 고유의 성격 가운데 하나이기는 하나 대체로 극비를 요구하지는 않는다. 반면 정조의 어찰은 극비에 속하는 내용을 담고 있어 국왕이 철저한 비밀유지와 폐기를 요구한 밀찰密札이다.

6) 편지형식이 약화되어 격식을 생략한 경우가 많다. 우선 발신자 정보가 없다. 겉봉투인 피봉皮封에 정조의 호인 '만천명월주인옹萬川明月主人

翁'이란 봉함인封織印이 찍힌 사례가 한두 건 보이나 대체로 발신자를 표시하지 않았다. 수신자 역시 '청동淸洞' '삼청동문三淸洞門' '삼청동三淸洞' '동문洞門' '청합淸閣' 등으로 불분명하게 사용했다.

7) 국왕 정조의 개인적 체취가 짙게 표현되었다. 지금까지 알려진 어떠한 공식 문서보다도 정조의 사생활과 감정이 잘 드러나 있다.

8) 이 어찰은 『조선왕조실록』과 『승정원일기』『일성록』을 비롯한 공식 사료와 충돌하기도 하고 이들을 보완하기도 한다. 편지가 오간 기간 동안 언급된 사실을 대조해보면 공식적인 사료가 사실을 왜곡하기도 했다는 점이 발견된다. 결국 공식 사료도 정치적 텍스트요 어찰도 정치적 텍스트로서 서로 비교하고 검토해야 역사의 진실에 한 발짝 더 다가갈 수 있음을 보여주었다.[1] 『어찰첩』은 공식 사료의 텍스트가 지닌 진실성에 의문을 던진다는 점에서 충격적이다. 그리하여 이 시대 역사를 보는 새로운 시각과 사고를 요구한다. 정조시대, 나아가 조선시대의 정치적 행위와 역사서의 행간을 읽고 채우는 흥미로운 역사읽기가 가능해졌다.

필자는 여러 학자들과 함께 이 『어찰첩』의 발굴과 번역, 연구에 주도적으로 참여해왔다. 함께 참여한 연구자들과 논문을 발표했고,[2] 사료를 탈초脫草하고 번역해 『정조어찰첩』이라는 이름으로 간행했다. 이후 『정조어찰첩』을 비롯한 어찰 전반에 시야를 확대하고, 편지를 받아 보관한 심환지라는 인물에 초점을 맞추어 「어찰의 정치학―정조와 심환지」란 논문을 썼다. 분석의 시야를 확대할수록 정조의 어찰, 그 가운데 특별히 『정조어찰첩』은 18세기 후반의 정치와 역사를 바라보는 아주 민감하고도 중요한 사료라는 생각을 굳히게 되었다.

『어찰첩』은 정조시대, 나아가 조선시대 역사와 사료를 보는 시각에 일부라도 수정을 요구할 만큼 특별하고도 흥미로운 사료이다. 이 시대를 연구하는 역사학자뿐만 아니라 일반 애호가들까지도 관심을 가질 만하다. 그러므로 발굴하게 된 경위부터 어찰과 연관된 다양한 문화, 『어찰첩』의 중요한 논쟁거리 따위를 찬찬히 짚어가면서 살펴보려고 한다. 그렇게 하여 『어찰첩』의 등장으로 드러난 국왕 정조와 정조 말년 격동하는 역사와 문화의 단면을 들여다보는 작은 계기를 삼고자 한다.

어찰첩의 개황과 공개 과정

먼저 『정조어찰첩』의 전체 구성과 형태적 특징부터 살펴보기로 한다. 여기서 『어찰첩』 또는 『정조어찰첩』은 오로지 심환지에게 보낸 6첩 297통을 가리킨다. 다른 신하나 친족에게 보낸 어찰첩도 있지만 여기서는 간편하게 이르기 위해 이것만을 특별히 지칭한다. 『어찰첩』의 구성은 대략 다음과 같다.[3]

편지는 정조가 사망하기 직전인 1796년 8월 20일부터 1800년 6월 15일

첩	수량	날짜	비고
1첩	48건	1796. 8. 20 ~ 1797. 7. 8	2건은 날짜 없음 국립중앙박물관에는 1796년 5월 1일자 편지가 실려 있다. 현재 로선 이 편지가 가장 앞선다.
2첩	52건	1797. 7. 9 ~ 1798. 3. 27	3건은 날짜 없음
3첩	50건	1798. 4. 5 ~ 1798. 10. 9	
4첩	54건	1798. 10. 11 ~ 1799. 4. 21	2건은 날짜 없음
5첩	49건	1799. 5. 2 ~ 1799. 12. 27	
6첩	44건	1800. 1. 30 ~ 1800. 6. 15	5건은 날짜 없음
합계	297통		

까지 4년 동안 심환지 한 개인에게 보냈다. 정조가 노론벽파를 중용하여 심환지가 조정에서 큰 영향력을 발휘하던 시기인데다 정조 말년의 정치적 격동기에 집중되어 있으므로 사료적 가치가 매우 높다.

『어찰첩』의 형태상 특징을 간략하게 정리하면 이렇다. 거의 모두 겉봉 투와 함께 장첩*되었고, 각 겉봉투에는 어찰을 받은 날짜를 적은 쪽지** 가 달려 있다. 겉봉투의 글씨는 모두 한 사람의 글씨이다. 그 글씨의 주인은 심환지가 분명하다. 심환지는 어찰을 받은 즉시 받은 날짜와 시간을 겉봉 투에 적어놓았다. 날짜 다음에 '아침' '오후' '저녁' '밤' '늦게' '초경初 更' '삼경三更' '식후食後' 따위로 구체적인 시간까지 써놓았다. 심환지는 아주 꼼꼼한 성격으로 국왕으로부터 받은 어찰을 특별히 정리해 보관하

---

* 장첩(粧帖): 글씨나 그림 따위를 잘 보관하기 위하여 두꺼운 종이를 붙여 책처럼 꾸며 만듦.
** 부전지(附箋紙): 이 책에서 부전지는 모두 쪽지로 표기한다.

였다.

　편지의 겉봉과 본문에는 발신자가 표시되지 않았으나 내용 가운데 '경卿'이라는 표현이 있으므로 어찰임이 드러난다. 이렇게 발신자를 밝히지 않는 것이 일반 간찰簡札과 구별되는 어찰, 특히 정조 어찰의 특징이다. 수신자는 겉봉투에 '삼청동부三淸洞府, 삼청동에 부쳐' '단규개탁端揆開坼, 우의정이 열어보라' '노호즉전鷺湖卽傳, 노량진에 바로 전해라' 따위로 썼다. 삼청동에 살고, 우의정으로 재직하며, 노량진에 잠시 머물렀던 심환지에게 보낸 편지임을 겉봉투가 밝혀준다. 가장 많은 수신처는 삼청동이다.

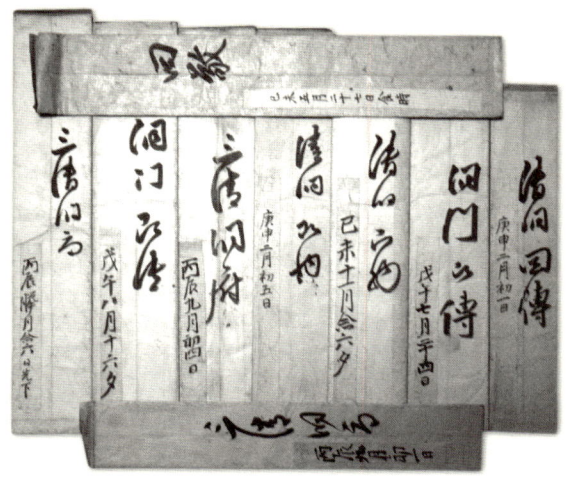

겉봉투와 쪽지 몇 가지를 정리한 사진 | 정조가 심환지에게 보낸 어찰의 겉봉투로 수신처 글씨는 정조의 친필이다. 왼쪽 하단에 붙은 쪽지에는 수신 날짜가 빠짐없이 적혀 있는데 이 글씨는 심환지의 친필이다. 겉봉투와 쪽지 등이 완벽히 보존되었기에 『어찰첩』은 사료로서 가치가 크다. 심환지 후손 소장.

지질은 매끄럽게 다듬질을 잘한 고급 간지簡紙가 가장 많고, 가는 이끼를 섞어 뜬 종이인 태지苔紙가 그 다음으로 많다. 또 비교적 저급 종이에 속하는 피지皮紙도 적지 않게 사용했다. 그러나 닥나무 껍질 찌끼로 뜬 피지조차도 다듬질이 잘되어 아주 고급스러운 느낌을 자아낸다.

편지의 길이는 한 통당 글자수가 짧게는 10여 자에서 길게는 500여 자에 이르며, 전체 편지를 모두 합하면 자수가 5만 2천여 자에 이른다.[4] 서체는 일관되게 유려한 초서草書로 썼다. 정조는 글씨에도 뛰어난 솜씨를 지녀 각종 서체에 모두 능했다. 각종 묘비와 기념비에 쓰는 해서와 큰 글씨도 잘 써서 임금이 직접 글을 지어 친필로 쓴 어제어필御製御筆을 어떤 국왕보다도 많이 남겼다. 글씨의 수준도 사대부 명필과 비교해서 손색이 없다. 『어찰첩』 글씨는 일관되게 초서로 썼지만 다양한 편이라서 앞으로 정조의 어찰글씨를 판별하고 이해하는 표준이 되기에 적합하다.

다음으로 『어찰첩』을 발굴하여 연구하고 공개하게 된 과정을 간단하게 밝힌다. 2007년 봄에 필자는 『문헌과해석』 동인인 김문식(단국대 사학과), 박철상(고서연구가) 선생과 함께 김성규 교수(서울대 국문학과)의 소개로 성남시 분당에 있는 소장자의 집을 방문했다. 30여 년 동안 『어찰첩』을 소장해온 소장자 집안에서도 오래전부터 어찰의 내용을 궁금해했었다. 자료의 존재 사실을 알게 된 우리는 우선 확인차 그곳을 방문했다. 우리는 여섯 개 함에 들어 있는 『어찰첩』을 보고서 놀라지 않을 수 없었다. 무엇보다 300통에 이르는 많은 양에 놀랐다. 그렇게 많은 어찰은 모두들 처음이었다. 서체와 내용, 지질과 형식, 겉봉투와 봉함인 등을 종합할 때, 심환지에게 보낸 정조의 친필 어찰로서 진품이 틀림없다고 의견의 일치를 보았다. 적어도 보물급 이상의 자료적 가치가 있다고 판단했다.

소장자에게 순수하게 학문적 연구를 위해 자료의 활용을 요청했고, 소장자를 밝히지 않는 전제하에 허락을 받았다. 탈초와 번역을 김문식 교수와 필자가 주관하기로 하고 『문헌과해석』 동인인 장유승·백승호(서울대 국문학과) 선생이 초벌 탈초와 번역을 맡았다. 이후 여러 명의 학자가 탈초와 번역에 더 참가하여 결과물이 나왔다.

이렇게 귀중한 유물은 소장 경위와 유통 경로가 중요한 의미를 지닌다. 그런 경위 속에 사료의 진위와 이동 경로가 밝혀진다. 소장자는 30여 년 이전에 심씨가로부터 한두 단계를 거쳐 『어찰첩』을 구입했고, 그 이후 줄곧 소장해왔다. 심환지 후손가에서 이 유물이 흘러나온 동기는 채무관계 때문이라고 소장자는 알고 있었다. 원 소장자로부터 손을 여러 번 거치지 않은 유물이다. 후손가에서 나오는 과정에서 한 첩이 분리되어 2000년 이후 국립중앙박물관에 소장된 것으로 추정한다. 또 낱장으로 분리된 일부 어찰도 개인이 여럿 소장한 것으로 알고 있다.

『어찰첩』은 모두 6첩으로 만들어졌는데 소장자가 구입하기 이전에 제작했다. 제대로 만든 서첩은 아니나 대체로 시기를 지켜 만들었고, 또 편지와 겉봉투를 나란히 이어붙여 편지 원형을 거의 그대로 살려놓았기 때문에 분실을 방지하는 데 기여했다. 1806년 정조의 외가에서 만든 여러 어찰첩과 비교하면 제작기술이나 호화스러움이 많이 떨어진다. 특별히 고마운 사실은 편지 내용을 겉봉투와 따로 떼어놓지 않아 원형을 살려놓은 데 있다. 그것은 일차 사료로서 『어찰첩』의 가치를 보존하는 데 결정적으로 중요한 장치이다. 현재 『어찰첩』의 모습은 구입 당시와 거의 다름이 없다. 현 소장자가 어찰을 보관하기 위해 함을 만들어 보관한 점만이 달라졌다.

『어찰첩』이 일반에 본격적으로 공개된 것은 이번 연구과정의 결과이지만 이 사료가 완전히 비밀에만 부쳐졌던 것은 아니다. 소장자 측에서는 소장한 유물의 내용을 파악하기 위해 여러 경로를 통하여 어찰의 가치와 내용을 밝힐 만한 기관과 연구자에게 자료를 제공하고자 노력했다. 구입을 전후하여 역사를 연구하는 기관에 복사본을 제공하기도 했고, 몇몇 연구자에게 자료를 보여주고 연구를 권유하기도 했으나 큰 관심을 끌지 못했다. 한편으로는 자료의 진위를 의심받기도 했다고 한다. 현재 『어찰첩』에는 한두 통의 편지가 첩으로부터 떨어진 채로 있는데, 고 박정희 대통령에게 보여주기 위해 뜯은 것이라고 한다. 박 대통령이 이 편지를 확인하고 무슨 말을 했는지는 알 수 없다.

그렇다면 『어찰첩』은 어떤 경로를 거쳐서 지금의 소장자가 소장하게 되었을까? 지금 전하는 『어찰첩』이 정조가 심환지에게 보낸 어찰의 전부일까? 분명한 사실은 이 『어찰첩』이 오랜 동안 심환지 후손가에 잘 보관되다가 1970년대에 들어 외부로 유출되었다는 점이다. 그런 사실을 가장 잘 설명할 수 있는 분이 바로 후손 심천보씨이다. 심환지가의 유물을 보관해온 심천보씨는 이러한 유물이 집안에 전해내려왔다는 사실은 알고 있으나 집에 보관해오던 수많은 유물 틈에서 『어찰첩』이 어떻게 유출되었는지 그 경로를 구체적으로 알지 못했다.

심환지가 경기도 용인 정자평에 전장田莊을 마련한 이후 이 집안은 충남 당진군 합덕읍에 정착해 살았다. 1971년 여름에 심천보씨의 조부 심호섭의 사망 이후 집안이 서울로 이사하는 과정에서 집안의 의도와는 무관하게 유출되었을 가능성이 가장 높다고 그는 추정하였다. 현 소장자가 구입하게 된 시점과 대체로 부합하는 것을 보면 그 추정이 맞는 듯하다. 집안에 잘 보관해오던 귀중한 유물을 개인의 사유물이 아니라 공공의 유물로 간주한 후손은 현재 유물 대부분을 경기도박물관에 기증했다.

유출 경로를 밝히는 것은 『어찰첩』이 지닌 본래의 모습을 복원하고 그 진정한 성격을 파악하기 위해 소홀히 할 수 없는 일이다. 심환지가에서 보관해오던 『어찰첩』이 뿔뿔이 흩어짐으로써 적지 않은 사료가 없어지거나 훼손되었기 때문이다. 현재 전하는 여러 가지 자료와 정황을 토대로 본래의 모습을 복원하고자 하는 노력을 더 기울여야 한다.

그런 노력이 필요한 이유는 297통으로 구성된 이 『어찰첩』이 정조가 심환지에게 보낸 어찰의 전부가 아니라는 점 때문이다. 이렇게 한 집안에 전해내려오던 유물이 여러 곳으로 흩어진 것은 정당하지 않은 유출 경위와 관련이 있다.

『정조어찰첩』 외에 심환지에게 보낸 어찰을 가장 많이 소장한 곳은 국립중앙박물관이다. 이곳에는 서체와 체제가 동일한 어찰첩 하나가 따로 전한다. 앞에서 말한 바와 같은 사유로 비슷한 시기에 심환지 후손가에서 유출되어 따로 유통되었다고 필자는 추정한다. 이 어찰첩은 2000년 초반 박물관에서 구입해 소장해왔다고 한다. 여기에는 1796년 5월 1일부터 1800년 윤4월 새벽까지의 어찰이 모두 21통 들어 있다. 또 같은 곳에 두루마리 편지가 아홉 통 전해진다.[5] 『정조어찰첩』에 수록된 어찰과 거의 비슷한 시기에 받은 같은 형식의 편지이므로 당연히 함께 다루어야 한다.

한편, 심천보씨가 경기도박물관에 기증한 유물 가운데에도 같은 형식의 어찰 10통 내외가 들어 있다. 또 기증한 유물과는 별개로 심천보씨와 친척들이 동일한 성격의 어찰을 8통쯤 보관하고 있다. 이들 십여 통의 편지를 살펴보면, 중요한 사료적 가치를 지닌 것이 적지 않다. 이 밖에도 심환지에게 보낸 어찰로 개인 소장자들이 낱개로 소장한 편지가 또 있다.

이렇게 국립중앙박물관을 비롯한 여러 기관과 개인이 소장한 어찰은 『정조어찰첩』의 많은 양에 비한다면 상대적으로 적은 양이다. 그러나 이 모두를 함께 모아서 볼 때에만 정조와 심환지 사이에 오간 어찰의 본래 모습을 복원할 수 있다. 지금까지 밝혀진 것을 토대로 계산해보면, 정조가 심환지에게 보낸 어찰은 대략 350통 이상이 확인되었다.

이리하여 350통에 이르는 정조의 비밀편지가 세상에 그 모습을 드러냈다. 이들 어찰의 가치를 평가한다면, 무슨 말을 할 수 있을까? 보통 평범한 지식인이 지인들과 왕래한 간찰도 실물이 이렇게 많이 남아 있는 경우는 극히 드물다. 더욱이 국왕이 쓴 어찰은 말할 나위가 없다. 게다가 평범한 안부 편지가 아니다. 절대 군주인 국왕이 이조판서, 우의정, 좌의정을 맡고 있는 현직 최고위직 관료에게 수년간에 걸쳐 비밀스럽게 국정을 지시하고 조율한 극비의 편지이다. 남아 있기 어려운 사료가 기적적으로 남아 있는 셈이다. 이들 흩어진 어찰을 일괄해서 보물로 지정해도 좋을 만큼 엄청난 가치를 지닌 사료이다.

다만 어찰이라고 해서 무조건 귀중한 대접을 받는 것은 아니다. 사료로서 충분한 가치와 신뢰성을 갖추어야 한다. 장기간에 걸쳐 여러 명에게 보낸 산발적인 사료가 아니라, 일정한 기간 동안 한 사람에게 집중적으로 보낸 점과 왕래한 시기를 정확하게 기록한 점 때문에 사료로서 활용가치와 신뢰도가 아주 높다. 보존해온 상태가 사료로서의 가치를 훼손하지 않았다는 점에서 심환지 자신과 그 후손가의 노력에 경의를 표해야 할 정도이다. 심환지에게 보낸 정조의 비밀편지는 이 시대에 새롭게 발굴한 중요한 사료로서 연구가치가 매우 크다.

2

국왕의
비밀편지

아! 이 무렵 좌우에는 훌륭한 신하가 구름떼처럼 많았으므로 유독 이 사람만을 사사로이 대했겠는가? 그러나
군왕은 친밀하지 않으면 신하를 잃는다. 남들보다 현명한 신하를 사사로이 대한 까닭은 사사로이 대하지 않으면
일을 이루지 못하기 때문이다. 성인의 은미隱微한 뜻은 온 세상을 진작시키고 뭇 호걸을 일어서게 한다. 이 어찌
뒤이어 임금 노릇하는 자가 모범으로 삼아 계승해야 할 일이 아니랴?

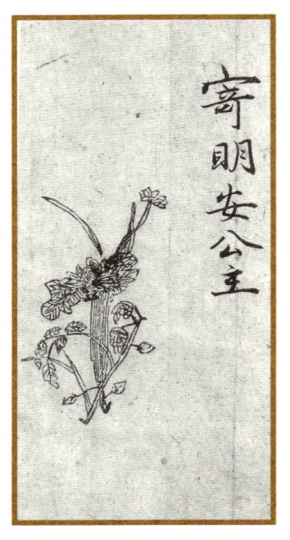

寄明安公主

어찰의 문화를 살펴보기에 앞서 임금이 쓴 글과 글씨를 가리키는 특별한 용어를 알아본다. 어찰御札은 임금이 쓴 편지를 가리키는 말이다. 임금이 직접 쓴 글씨는 어필御筆이라 하고, 임금이 직접 지은 글은 어제御製라고 한다. 임금이 글을 직접 지어 친필로 썼다면 어제어필御製御筆이라고 부른다. 임금뿐만 아니라 세자나 세손이 쓴 글씨도 특별한 명칭으로 불렀다. 세자나 세손이 직접 쓴 글씨는 예필睿筆, 직접 지은 글은 예제睿製, 직접 쓴 편지는 예찰睿札이라고 하여 임금 또는 일반인과 구분했다. 따라서 사도세자와 정조가 세자와 세손 시절에 쓴 것들은 모두 예睿 자를 넣어 구분하였다.

역대 국왕의 어찰문화

조선시대에는 다른 사람이 아닌 국왕이 썼다는 것만으로도 어제와 어필을 신주단지 떠받들듯이 소중하게 챙겼다. 내용이나 형식은 일반 사대부의 글씨나 문장과 크게 다르지 않으나 국왕과 세자임을 표시하는 언어가

무안왕묘비명武安王廟碑銘 | **전면 1752년(영조 28) 경모궁景慕宮(사도세자) 예제예필睿製睿筆** | **후면 1785년(정조 9) 정조 어제어필御製御筆** | 서울시 종로구 숭인동에 있는 관우 사당 동묘(東廟) 경내에 있다. 무안왕은 삼국시대의 장군 관우(關羽)를 가리킨다. 관우의 사당에 사도세자와 정조가 각기 묘비명을 써서 앞뒤로 새겼다. 1785년 11월 15일 정조는 숙종과 영조의 글을 하나의 비에 새기고, 사도세자와 자신의 글을 하나의 비에 새겨 동묘와 남묘(南廟)에 각각 세우게 했다.

들어가기 때문에 국왕의 글씨요 문장임을 바로 알아차릴 수 있다. 대체로 어제와 어필은 국왕 자신의 이름이나 신분을 밝히지 않는다. 특별히 선대 국왕이나 친족에게 보낼 때는 자신을 밝히는 경우가 있으나 신하에게 내리는 갖가지 형식의 글에서 자신을 밝히지 않는 경우가 대부분이다.

정조가 쓴 어찰을 제대로 이해하기 위해서는 조선시대 국왕이 어찰을 활용한 실상을 먼저 알아보아야 한다. 정조어찰은 그러한 전통의 토대 위에서 싹텄을 가능성이 높기 때문이다. 조선시대 사대부 사이에서 간찰이 의사소통의 중요한 수단으로 폭넓게 활용되었다는 사실은 굳이 언급할 필요가 없다. 송나라 유학자 정자程子는 간찰이 지닌 그런 가치를 "편지로 말하자면, 선비가 가장 가까이해야 할 일至於書札, 於儒者事最近"이라고 표현했다.[6] 정도의 차이야 있겠으나 국왕도 예외가 될 수는 없다. 친족과 대신의 안부를 묻거나 국정을 수행하는 방편의 하나로 국왕도 서찰을 주고받았다. 태조 이래 역대 군왕이 어찰을 쓴 사실은 『왕조실록』을 비롯한 각종 기록에 꽤 많이 남아 있다.

어찰이 이렇게 귀한 유물이지만 국왕이나 왕비의 어찰이 실제로 많이 남아 있는 것은 아니다. 국왕이 붓을 들고 편지를 직접 쓰는 일이 그리 많지 않았기 때문이다. 그래서 역대 국왕은 선대 국왕의 어찰에 특별한 가치를 부여했다. 집안에 요행히도 어찰을 소장한 신하들은 그것을 조정에 바쳤고, 조정은 그들에게 그 대가로 벼슬을 내리거나 후한 포상을 해왔다. 그런 관례가 형성되자 툭하면 옛 임금의 어찰이라며 요란스럽게 조정에

국왕의 비밀편지

29

바쳐 벼슬을 내려주기를 기대하는 자들이 늘어났다. 어찰의 궁중반납은 하나의 폐단이 될 정도였다. 그 폐단을 없애기 위해 어찰을 받지 않는다는 명을 내리기까지 했으니 말이다.

도에 넘치게 어찰을 존중하는 폐단이 발생하기는 했으나 조선시대 내내 어찰은 공경의 대상이었다. 그래서 『열성어필列聖御筆』이란 이름을 가진 여러 종류의 책자에는 그런 성격의 어찰이 적지 않게 실려 있다. 그렇다고 해도 실물 자체는 많이 남아 있지 않다. 당연히 선조 이후 조선 후기의 국왕이 어찰을 보낸 기록과 실물이 많이 남아 있다. 현재 어찰 실물과 내용이 몇 점 이상 전하는 국왕으로는 선조, 효종, 숙종, 영조, 정조, 순조, 고종을 손꼽을 수 있고, 왕비로는 효종의 비인 인선왕후와 순조의 비인 순원왕후가 포함된다.

실물이 남아 있고 없고를 떠나 어찰의 내용과 왕래 사실을 전하는 기록은 꽤 많다. 전해오는 어찰은 신료에게 보낸 어찰과 친족에게 보낸 어찰로 크게 나뉜다. 전자는 대체로 안부를 묻거나 국정 현안을 묻는 내용이 주를 이루고, 후자는 대체로 문안 편지이기에 서로 성격이 다르다. 보통 국왕의 어찰은 전자보다는 후자가 많이 남아 있다. 신하에게 안부를 물은 편지로는 최규서崔奎瑞, 1650~1735에게 보낸 영조의 어찰과 그에 대해 신료가 올린 감사의 답장을 하나의 사례로 들 수 있다.

황량한 성 밖이 서울집만 하겠는가? 땔나무 열 묶음과 숯 두 바리를 먼저 서울집에 보낸다. 이 지극한 뜻을 몸으로 느끼고 들어와 몸조리하라!
아울러 전복탕을 보내고 경의 안부를 묻노라.[7]

1733년 84세의 고령으로 강화도에 은퇴한 노정승에게 땔감과 함께 어
찰을 보내 정승을 향한 다정다감한 속내를 드러냈다. 이 어찰을 받고 감격
에 찬 신하의 감사표시 상소문이 올라갔을 것은 묻지 않아도 알 수 있다.

반면에 정치적으로 중요한 현안을 신하에게 묻고 당부한 어찰이 많지는
않지만 얼마간 존재한다. 이러한 성격의 어찰은 정조의 비밀편지와도 관계
가 깊으므로 더 자세히 알아보자. 그런 종류로는 송시열宋時烈과 정태화鄭
太和에게 보낸 효종의 어찰이 유명하다. 효종이 송시열에게 보낸 밀찰은
1659년효종 10 3월부터 5월 사이에 보낸 세 통이 남아 있다. 밀찰 세 통의
원본은 1694년숙종 20 윤5월에 숙종의 명을 받고서 그 아들 송기태宋基泰가
바쳤으나 이후 모종의 사유로 인해 사라졌다. 이 어찰의 사본이 용케도 보
존되어 1764년 무렵 목판으로 간행되었다. 이 밀찰에서 효종은 군신은 서
로의 마음을 아는 것이 귀하다고 말하고 밀찰을 비밀스럽게 전달하기 위
해 메신저로 세자를 보냈다. 그 가운데 두번째 편지는 다음과 같다.

큰일을 논하고자 한다면 대신大臣에 관해 몰라서는 안 된다. 그러나 현
재의 대신은 모두들 한때의 인망을 얻어 순서를 밟아 올라갔으므로 재간과
국량을 지닌 사람을 얻기가 쉽지 않다. 원평原平. 원두표元斗杓은 재능이 없

국립청주박물관에 소장된 효종의 두번째 밀찰과 정조 친필 발문 | 효종이 송시열에게 보낸 비밀편지이다. 효종의 친필은 아니지만 송시열 후손가에서 정조에게 올린 밀찰 사본으로서 사료적 가치가 매우 높다. 정조는 왕위에 오른 해인 1776년 9월에 이 밀찰을 보고 발문을 써서 군신간 비밀편지 교환의 의의를 높이 평가했다.

지 않으나 기질이 차분하지 못해 정밀한 일을 처리하기는 어려울 듯하다. 심정승심지원沈之源은 어질기는 하나 재능이 없고, 완남完南, 이후원李厚源은 병이 많아 나오지를 않는다. 지혜가 있고 식견이 있으며 일처리를 할 줄 아는 사람으로는 영의정 정태화鄭太和이 적임자인데 중책을 맡으려 하지 않는 것이 흠이다. 그러나 이 사람이 아니면 안 될 것이므로 경도 이 뜻을 알아 그와 사귀어 친밀해진 뒤에라야 차차 국사를 논할 수 있을 것이다. 서북 지역의 일도 이와 같이 하려고 한다. 다만 서도西道의 일이 특히 어려우므로 심중한 걱정이 그치지 않는다.[8]

송시열에게 효종이 현직 대신을 어떻게 평가하는지 밝힌 편지이다. 국왕의 속내를 드러낸 이 내용이 공개되었다면 틀림없이 엄청난 정치적 파장이 일었을 것이다. 효종은 여기서 '큰일' 즉 국가의 대사를 송시열과 영의정 정태화가 협력하여 추진할 것을 지시하였다.

효종은 송시열에게 보낸 비밀편지에서 언급한 영의정 정태화에게도 밀찰을 보냈다. 그 가운데 다섯 통은 정태화의 문집에 고스란히 실려 있다. 송시열에게 보낸 밀찰과 달리 이 밀찰은 큰 주목을 받지 못했다. 1652년 2월 21일 당쟁만 일삼고 무사안일을 좋은 수로 여겨 수수방관 허송세월하는 고관들을 보며 차라리 죽어 모르는 게 낫겠다면서 "부자지간이라도 편지를 보여서는 안 되므로, 경은 조심하라!"고 썼다. 이렇게 공개하지 말라고 당부한 비밀스런 어찰이 어떻게 문집에 실렸는지는 자세히 알 수 없다. 일정한 시간이 흐른 후 비밀의 의미가 퇴색한 뒤라서 문집에 올랐을 가능성이 있다. 아쉽게도 실물은 현재 소장처가 확인되지 않는다.

효종 이후에도 비밀편지의 전통은 계속되었다. 특히, 정조의 아버지인 사도세자도 대리청정하는 시기에 여러 통의 비밀편지를 신료에게 보낸 일이 있다. 정승 조현명趙顯命에게 보낸 편지로 추정되는 예제예필睿製睿筆의 편지는 14세 어린 세자의 필치와 마음씀이 잘 드러난다.

저번에 내 뜻을 모두 말했건만 내 정성이 얕아서 믿음을 얻지 못해 아직도 조정에 오를 뜻이 없나보구려. 성의를 믿어주지 않으니 부끄러워 마음

「동궁저하수서東宮邸下手書」 경남대 데라우치 문고 소장 | 대리청정하던 사도세자가 대신에게 보낸 편지. 단정한 글씨로 간청하는 심경을 담아 보냈다. 글씨에서도 소년티가 묻어난다.

이 겸연쩍기 그지없소. 그러나 언제나 나라를 위한 일편단심을 지닌 경이 큰 국사가 한창이고 성상께서 힘겹게 일하실 이때 차마 태연히 물러나 있겠소? 하물며 헐뜯는 망령된 말은 내가 다 통찰하고 있고 대조大朝, 국왕 영조께서도 벌써 엄히 처분하셨소. 이 뒤로는 경에게 터럭만큼도 난처한 일이 없을 테니 경은 대조의 지극한 뜻을 체득하고 소자小子의 갈망하는 마음을 생각하여 안심하고 다시는 사양하지 마시오. 마음을 확 바꿔서 나와 내 뜻에 부응하여 크게 국사를 처리하시오.[9]

군신 간의 높낮이는 있으나 어린 세자가 나이 든 신하에게 간청하는 심경이 가감 없이 표현되었다. 온건하게 영조의 탕평정치를 도운 조현명이 외척당 신료와의 갈등으로 물러나자 사도세자가 이 편지를 보냈다. 정조

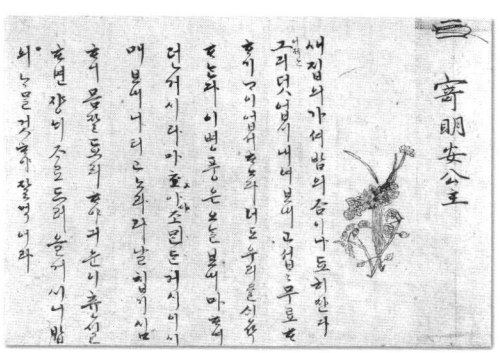

현종이 명안공주에게 보낸 언간, 강릉시립박물관 소장 | 1679년 오태주와 결혼한 셋째 딸 명안공주에게 보낸 언문 간찰이다. 시집간 지 얼마 되지 않았을 때의 편지로 형편을 걱정하고 그리워하는 마음이 잘 나타나 있다.

가 정치적 의미를 지닌 어찰을 신하에게 보내기 이전에 사도세자가 같은 기능을 지닌 편지를 벌써 적극적으로 활용하고 있었던 것이다. 사도세자와 정조가 이렇게 신료에게 편지를 쓴 행태는 서로 관련이 없다고 하기 어렵다. 정조는 사도세자의 장점을 살리고자 했으므로 비밀편지의 활용에는 일정한 연관 관계가 있다.

이러한 정치적 기능을 하는 어찰 외에 사료로서 가치는 다소 떨어지지만 나름대로의 의의를 지닌 친족에게 보낸 어찰이 있다. 역대 국왕과 왕비들은 왕자나 공주에게 꽤 많은 편지를 보냈다. 심양에 볼모로 가 있는 대군에게 보낸 인조의 어찰이 그러한 사례인데, 신료에게 시집간 공주들에게 보낸 언문 편지가 비교적 많이 남아 있다.

편지광 정조의 글쓰기 버릇

　조선시대에 국왕의 어찰 또는 비밀편지의 전통이 길게 유지되다가 정조 임금에 이르러 전무후무하게 꽃을 피웠다. 정조는 왕위에 오르기 이전부터 측근들과 많은 편지를 주고받았다. 글쓰기를 아주 좋아한 사람이었기에 조정의 주요한 신하와 가까운 친족 들에게 많은 편지를 보냈다. 혜경궁 홍씨는 정조가 죽은 지 7년 되던 해에 "선왕께서는 문장을 즐기셔서 평소에 조정 신하에게 하사하여 보낸 서찰이 몹시 많았다"[10]고 옛일을 기억해 집안사람에게 말했다. 정조는 의무감에서가 아니라 즐거운 일과로서 편지 쓰기를 즐겼다.

　정조가 의사소통하는 주요한 수단으로 편지를 활용하기 시작한 것은 세손 시절부터였다. 지금까지도 어린 시절 졸필로 친척들에게 보낸 글씨인

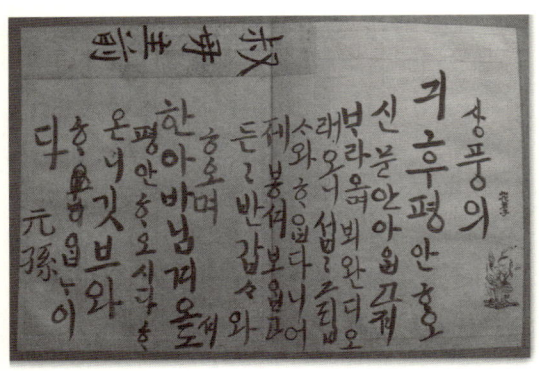

원손예필, 국립한글박물관 소장 ┃ 이 한글 편지는 세손(世孫)으로 책봉된 여덟 살 이전 원손(元孫) 시절에 큰 외숙인 홍낙인(洪樂仁, 1729~1777)의 부인 여흥(驪興) 민씨(閔氏)에게 보낸 것이다. 예필, 예찰, 어찰 16폭을 모아 만들었다. 예필 2폭을 제외하곤 모두 한글로 쓰였다.

예필이 많이 남아 전한다. 외조부인 홍봉한洪鳳漢을 비롯하여 친족에게 많은 편지를 보냈고, 여성 친족에게는 언문 편지를 자주 보냈다. 민치성閔致成의 부인이 된 생질녀甥姪女, 누이의 딸에게 "너도 잘 지내고 네 어미도 잘 지내느냐? 내 마음에는 네 서방이 서울에 있으면 좋을 듯하니 네 어미더러 말해보아라"고 보낸 짧은 언문 서찰이 여러 통 전한다.

『한중록』에도 "평일에도 아들을 잊지 못하는 노모의 마음을 알아서, 서울 성내의 거둥이라도 궐내를 떠나시면 안부를 묻는 편지가 끊이질 않으시더라"[11]라고 써서 혜경궁 홍씨에게도 자주 편지했음을 확인할 수 있다. 또 같은 책에서 "1797년 즈음부터는 역대의 경전과 역사책을 읽으시며 좋은 구절에 손수 권점圈點을 친 것을 모아 『수권手圈』이라는 책을 편찬하셨는데, 그 일에 동생을 뽑으시니라. 정조께서는 구절을 교감하고 수정하는 등 책을 만드는 모든 일을 다 동생과 의논하셨는데, 동생에게 끊임없이 편지를 보내시니, 하루에도 주고받는 편지가 여러통이라"[12]라고 하여 외숙과도 편지를 빈번하게 왕래했음을 밝혔다. 하루에도 주고받은 편지가 여러 통이란 발언은 결코 과장이 아니다. 심환지와도 하루에 서너 차례 오간 것이 여러 번이다. 1798년 11월 11일에는 네 통을 보냈는데 밤에만 세 통이 오갔다. 그 내용은 중요한 국정처리와 관련된 것이다. 정조에게 편지교환은 매우 중요한 통치수단이었다.

정조가 대신과 친족에게 보낸 편지는 귀중한 보물로 수신자들이 애지중지 간직하였다. 그런 정조의 편지 가운데 외가인 홍씨 집안에 보관된 어찰이 대대적으로 정리된 적이 있는데 바로 1806년이다. 이 해에는 영조의 계비였던 정순왕후가 죽고 벽파가 축출되어 정국이 완전히 바뀌었다. 홍씨 집안에 우호적인 분위기가 만들어진 4월에 혜경궁 홍씨는 정조가 외가에 하사한 편지를 비롯한 각종 글씨를 모아 정리하라고 친정 집안에 명을 내렸다. 궁궐에서 표구를 위한 물품과 비용을 대어 호화롭게 정리했는데 그때 홍씨 집안에서 모은 정조의 글씨가 대략 1천 6백 폭에 이르렀다.[13] 중국의 제왕도 이보다 많지는 않을 것이라며 모두들 자부할 만큼 대단히 많은 양이었다.[14] 외가붙이에게 보낸 어찰이 대체로 비슷한 형식으로 같은 시기에 정리된 이유는 혜경궁 홍씨의 지시에 따라 만들어졌기 때문이다.

이렇게 정조는 달필에 속필로 편지를 써서 친족이나 신하 들과 왕래하며 주변 인물을 끌어안고 정보를 교환하는 수단으로 삼았다. 막상 정조가 편지를 많이 쓰기는 했으나 신료들과 비밀편지를 주고받으며 정국을 조율한 것은 통치 후기에 집중되었다. 정조가 이러한 통치술을 선택한 이유는 어디에 있을까? 그 이유는 먼저 선대 국왕의 어찰 전통에서 찾아보는 것이 빠르다. 정조는 역대 국왕과 신료가 비밀편지를 교환하며 막후에서 정국을 조율하는 방식을 여러 차례 목격했다. 직접적으로는 선조가 송언신宋言愼에게 보낸 것과 앞에서 언급한 효종이 송시열에게 보낸 것 두 가지였다. 그 가운데 특히 1789년 선조의 비밀편지를 접한 정조의 태도를 눈여겨볼 필요가 있다. 선조의 어찰을 보고 "어찰의 말뜻이 집안사람처럼 신하를 보고, 비밀스럽고 정중하다"는 뜻으로 전교傳敎를 내렸고, 1794년에는 그

편지에 발문을 써서 그 의의를 밝혔다. 발문에는 이런 내용이 있다.

아! 이 무렵 좌우에는 훌륭한 신하가 구름떼처럼 많았으므로 유독 이 사람만을 사사로이 대했겠는가? 그러나 군왕은 친밀하지 않으면 신하를 잃는다. 남들보다 현명한 신하를 사사로이 대한 까닭은 사사로이 대하지 않으면 일을 이루지 못하기 때문이다. 성인의 은미隱微, 겉으로 드러나지 않음한 뜻은 온 세상을 진작시키고 뭇 호걸을 일어서게 한다. 이 어찌 뒤이어 임금 노릇하는 자가 모범으로 삼아 계승해야 할 일이 아니랴?[15]

국왕이 특별히 가까운 신하를 공식적 관계 밖에서 가족 같은 사사로운 관계로 친밀하게 대우해야 한다고 말했다. 그 이유는 신하를 잃지 않고 국정을 원활하게 수행하기 위해서이며, 그런 점이 비밀편지의 기능이라고 밝혔다. 또 선조의 비밀편지를 후대 국왕이 모범으로 삼아야 한다고 정조는 말했다. 이 발문을 쓴 시기는 특별히 가까운 신하에게 비밀편지를 많이 보낸 치세 후반기이다. 선조의 어찰에 쓴 발문은 이 무렵부터 본격화한 비밀편지 왕래의 정치적 의미를 명확하게 제시했으므로 사실은 심환지에게 보낸 『어찰첩』 발문의 대체물인 셈이다. 정조가 어찰정치 또는 문자정치라고 부를 만한 통치기술을 구사한 동기는 바로 이 글에 담겨 있다고 말해도 좋다.

실제로 정조는 주요 대신들과 비공식적으로 정국현안을 논의하는 사적인 편지를 즐겨 왕래했다. 국왕과 신료가 논의를 진행하는 공식 절차가 있음에도 불구하고 다른 경로를 만들었다. 심환지에게 보낸 어찰에서 "어제 만났을 때는 사람이 많고 번잡했기에 이렇게 편지를 보내는 것만 못하다" (521)고 지적한 것처럼 정조는 공개적인 논의와는 별도로 편지를 사적 통로로 삼아 대신들과 은밀한 대화를 나눴다. 특정한 신하와 '사私'적으로 오가는 행위를 공식적인 절차와 병행함으로써 국정을 장악하고 정보를 신속하게 얻는 방안으로 활용했다. 정조는 이렇게 밀찰을 교환해 '현명한 신하를 사사로이 대함으로써' 일부 정치적 비중이 높은 신하와 친밀한 관계를 맺어 추진하는 일을 성공시켰다. 또 비밀편지를 주고받는 것은 신하의 충성도를 높이는 훌륭한 방법이라고 정조는 믿었다.

한편, 『어찰첩』 곳곳에 심환지 말고도 다른 신하들이 정조에게, 정조가 그들에게 편지로 지시하고 논의하는 장면이 등장한다.[16] 4년 동안 한 사람에게 350통 안팎의 편지를 보냈고, 다른 신료와도 정치적 비중에 따라 비슷한 수준으로 주고받았다고 생각하면, 정조는 구중궁궐에 앉아서 날마다 거의 간찰로 국정행위의 상당 부분을 처리한 셈이다. 정조는 편지왕래를 통해 궁궐 밖 세상의 정보와 여론을 환히 꿰고 통제했다고 해도 좋다.

여기서 놀라운 사실은 그 많은 편지를 거의 대부분 정조가 직접 썼다는 점이다. 간혹 구술하여 대필代筆을 시킨 사례도 있기는 하지만[17] 그것은 지극히 적은 수이고 대부분의 편지가 어제어필이다. 친필로 직접 글을 쓰는 것이 시간과 노력을 들여야 하는 힘든 일임을 고려할 때 믿기 어려운 사실이다. 그러나 이는 분명한 사실이다. 이렇게 수많은 비밀편지를 신하와 왕래한 국왕의 열정은 조선시대에 유례를 찾아보기 힘들다. 나아가 세계 정치사에서 이렇게 직접 편지를 써서 정치에 널리 활용한 군주가 있을지 절로 의문이 든다.

정치 스타일에 대한 이견이 있으나, 정조는 "군자학君子學이나 성학론聖學論의 기준으로 파악할 수 없는 언행과 통치방식을 구사한" 제왕이었다. 실록에 나타난 정조는 "진실한 선비의 전형이라기보다는 국왕지지세력조차도 당혹스러워할 정도로 기만과 독단을 자주 사용했고", "자신의 국정운영 방침에 반대하는 벽파 집권세력에 대해 직접적이고 전면적인 공격 대신 간접적이고 우회적인 방법으로 위협하곤 했다". '말의 정치가'라는 평을 들을 만큼 "박학다변博學多辯했던 정조에게 훌륭한 국왕이란 신민臣民들의 말을 잘 듣고 모범을 보여야 하지만, 동시에 자신의 의도를 분명히 밝히고 상황에 맞는 말을 잘하는 정치가로 이해되었다".[18] 정치가로서 정조는 우리에게 성군의 이미지로 각인된 모습과는 달리 매우 정치적 인물이었다. 현실 정치가로서 정조는 어찰을 통해 신하들을 자기 편으로 바짝 끌어들이고 통제하고 자기 사람으로 활용했다. 정조는 어찰이란 고도의 정치적 소통방법을 고안하고 이를 역대 국왕의 어찰 전통에서 재확인하여 활용을 극대화했다. 그것이 주로 그의 통치 후반기에 집중되어 나타난다. 현실 정치가로서 정조의 진면이 『어찰첩』에서 가장 생생하게 표현된다고 해도 지나치지 않다.

선조의 밀찰과 정조의 발문

선조가 송언신1542~1612에게 보낸 밀찰과 이 밀찰에 정조가 쓴 발문, 그리고 송언신의 초상화는 경기도박물관에 기증되어 모두 보물 제941호로 지정됐다.

밀찰은 모두 7종으로 그 가운데 맨 첫번째 편지는 1593년 7월 임진왜란으로 선조가 의주에 피란할 때 함경도에서 행방불명된 왕자와 공주의 행방을 물은 내용이다. 이 편지의 전체 내용은 이렇다.

> 함경도 관찰사 송에게
>
> 북도의 일은 전적으로 경에게 맡기노니 경은 마땅히 정성을 다하라! 게다가 내 딸자식 둘과 사내자식 하나가 모두 어린아이인데 난리가 일어났을 때 민간으로 흘러들어갔다가 북도로 들어갔다고 한다. 살아 있는지 죽었는지 소식이 망연하여 밤낮으로 마음이 괴롭다. 바라건대 그들을 찾아서 보살핀다면 경의 은덕을 갚을 길이 없을 것이다.
>
> 7월 24일 의주에서 임금은 쓴다

전쟁중 왕자와 공주의 행방을 몰라서 애타는 선조의 다급한 심경이 짧은 편짓글에 잘 나타난다. 편지는 부탁이 아니라 거의 애걸하는 느낌이다.

정조는 1789년 선조의 친필 밀찰을 처음 접했고, 1794년 정월 초이튿날 발문을 써서 의의를 높이 평가하고 송언신의 후손을 후하게 대우하라고 명했다.

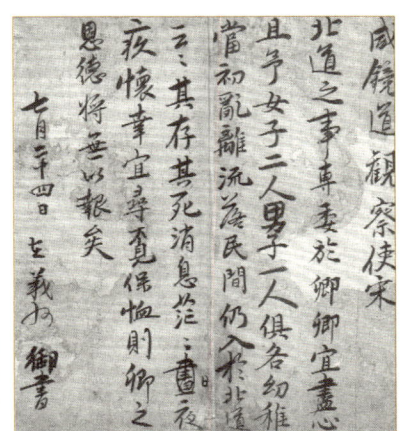

선조가 함경도 관찰사 송언신에게 보낸 밀찰 | 임진왜란으로 선조가 의주에 피란할 때 함경도에서 행방불명된 왕자와 공주의 행방을 물은 내용이다.

이들 어찰이 정조가 발문에서 지적한 만큼의 적극적 의의가 있는 것인지는 다소 의문이 든다. 필자의 판단으로는 이 어찰이 지닌 본래 의의보다 더 강하게 자신에게 필요한 의의를 부여했다고 말할 수 있다.

3

수신자 심환지와 비밀편지 왕래 과정

사림청론士林淸論을 주도한 심환지는 강한 성품의 소유자로 보인다. 현재 전하는 초상화를 보면, 날카로운 인상이 엿보인다. 그와 친분이 있던 이규상李奎象은 심환지가 "얼굴에 광대뼈가 많고 어깨는 뫼 산 자 모양을 했으며, 성 품이 소탈하고 배알이 곧아 사대부의 풍모와 절도가 있다. 일이 생기면 마음을 집중하여 끝내 이루고야 말기 때 문에 제 마음을 저버리지 않는 사람이라 일컬을 만하다"고 우호적으로 평했다.

奎章閣提學者

乾隆六十年九月初六日

상식적으로 말해서 편지는 발신자와 수신자가 서로 정보를 교환하고 정서를 교감하는 수단이다. 그래서 수신자의 지위와 상황에 걸맞게 편지의 내용이 만들어진다. 그러므로 『어찰첩』에서는 발신자 정조만큼이나 수신자 심환지를 주목하지 않으면 안 된다.

심환지 영정, 경기도박물관 소장, 보물 제1480호 | 만년의 초상화로 회화사적으로 귀중한 가치를 지녔다.

수신자 심환지는 누구인가

심환지는 자가 휘원輝元, 호가 만포晩圃로서 1771년 문과에 급제했다. 정조대의 대신인 심이지沈頤之, 심리지沈履之, 심풍지沈豊之와는 육촌지간이었을 만큼 명문가였다. 언론과 관료의 감찰을 담당하는 부서의 요직을 두루 거치며 준엄하고 격렬한 주장을 펼쳐 노론老論 벽파僻派의 핵심 인물로 부상했다. 심환지는 정조 초년부터 김종수와 함께 정순왕후의 외척집안인

나이	서기(양력)	심환지의 관료 행적	비고
1세	1730(영조 6년)	9월 29일 서울에서 출생	
33세	1762(영조 38년)	사마시 합격 의금부 도사	
42세	1771(영조 47년)	정시문과 급제. 이후 사간원 정언, 홍문관 수찬, 부교리 등 역임.	7월 갑산 유배
50세	1779(정조 3년)	3월 서명응을 비판하다 세도를 어지럽힌 효시라 하여 삭직당함.	
51세	1780(정조 4년)	1월 부교리로 상소하다 체차됨. 이후 용인 정자평에 은둔.	
55세	1784(정조 8년)	9월 종부시정으로 복귀. 11월 다시 소론 서명응 서명선 서호수 공격하는 상소 올림.	
56세	1785(정조 9년)	5월 지제교	
58세	1787(정조 11년)	1월 부교리로 복직. 의주부윤이 됨.	홍인한 등 역적 성토
59세	1788(정조 12년)	승정원 동부승지, 병조참지	
60세	1789(정조 13년)	10월 사간원 대사간	
61세	1790(정조 14년)	대사간, 대사성, 형조참의	
62세	1791(정조 15년)	대사간, 대사성, 예조참의, 이조참의	
63세	1792(정조 16년)	도승지, 예조·형조·병조·이조 참판 역임	3월 근무태만으로 금갑도 유배, 사은부사를 거절함. 9월 이가환 공격 상소.
64세	1793(정조 17년)	이조참판, 대사성	
65세	1794(정조 18년)	이조참판, 도승지, 예문관 제학, 규장각 제학	3월 능주목사로 좌천
66세	1795(정조 19년)	병조·예조·이조 판서, 대사헌	
67세	1796(정조 20년)	이조판서	
68세	1797(정조 21년)	의정부 우참찬, 홍문관 제학, 이조판서	
69세	1798(정조 22년)	우참찬, 내각 제학, 예조판서, 우의정(8월)	
70세	1799(정조 23년)	호위대장 겸 내영도제조, 판중추부사, 좌의정	
71세	1800(정조 24년)	정조 사후 원상(院相), 영의정	
72세	1801(순조 1년)	영의정	
73세	1802(순조 2년)	10월 18일 사망. 시호 문충공.	

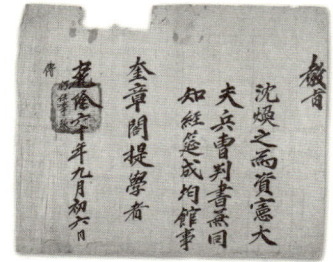

전령(심환지) 경기도박물관 소장 | 1795년(정조 19) 9월 심환지를 병조판서와 규장각 제학으로 임명하는 교지와 장용영(壯勇營) 대장으로 차출하는 전령이다. 이 해에 정조는 66세의 심환지를 중용하기 시작했다.

김구주金龜柱를 좇아 혜경궁 홍씨의 외척집안인 홍봉한을 공격하는 파벌에 가담했다. 이후 줄곧 강경한 노론 벽파로 활동했다.

표에서 알 수 있듯이 그는 50세를 전후하여 일관되게 소론 서명응 일가를 공격하는 상소문을 올려 정조로부터 견책을 당하고 실각하여 용인 정자평에 은둔했다. 그가 조정에서 다시 큰 힘을 발휘한 때는 58세 때인 1787년으로 그는 부교리로서 중앙정계에 복귀하였다. 이후에도 서명선을 비롯하여 이가환 등을 매섭게 공격하는 원칙론자로 활동했다. 그가 정조로부터 실력을 인정받아 정계의 핵심적인 요직을 맡기 시작한 것은 환갑을 넘긴 1792년 이후이다.

사림청론士林淸論을 주도한 심환지는 강한 성품의 소유자로 보인다. 현재 전하는 초상화를 보면, 날카로운 인상이 엿보인다. 그와 친분이 있던 이규상李奎象은 심환지가 "얼굴에 광대뼈가 많고 어깨는 뫼 산 자 모양을 했으며, 성품이 소탈하고 배알이 곧아 사대부의 풍모와 절도가 있다. 일이 생기면 정신을 집중하여 끝내 이루고야 말기 때문에 제 마음을 저버리지 않는 사람이라 일컬을 만하다"[19]고 우호적으로 평했다.

이규상은 그가 글재주가 좋아 볼 만한 시가 많다고 평가했다. 실제로 문집 『만포집晚圃集』에는 많은 시가 실려 있고, 작품성이 꽤 높다. 산문은 정치적 문서가 거의 대부분을 차지하고 문예적인 글은 극히 적다.

여기서 잠깐 노론 벽파와 심환지의 관계를 살펴본다. 노론 청류清流 세력은 영조 말년 세손인 정조의 등극을 반대했고, 이 세력이 정조 중반 이후 시파時派와 벽파의 대립 속에서 벽파의 주요 멤버가 되었다. 벽파는 대체로 국왕의 노선에 비판적인 입장을 견지하고 국왕을 견제하면서 국정의 주요 파트너로서 자기 위상을 세웠다.

노론 벽파는 화성의 건설을 주도하고 권력을 휘두르던 소론少論의 정동준鄭東浚을 공격하여 축출한 뒤 정국을 주도하는 세력으로 정계 전면에 들어섰다. 1795년 이후에는, 정조가 말하듯이, 벽패가 정권을 잡은 '벽패환국僻牌換局' 정세가 전개되었다. 정조가 "을묘년1795 이후 경들이 조정에 들어와 나를 도와서 한 일이 과연 무엇인가? 오랜 습속에 물들어 구태의연하다. 말이 여기에 미치니 기가 찬다"(541)면서 강력하게 국정을 추진하지 못한다고 심환지를 다그친 바 있다. 이 언급에서 비치듯이 심환지는 1795년 이후 정국의 주도자로 등장했다.

노론 벽파의 핵심 인물이 바로 김종수金鍾秀, 윤시동尹蓍東, 심환지, 권유權裕이고, 서영보徐榮輔와 이서구李書九 등이 그들과 노선을 같이했다. 정조로부터 신임을 받기 시작한 뒤로 심환지는 핵심 막료로 서용보徐龍輔와 어용겸魚用謙을 휘하에 두었다. 이 둘은 당시에 어룡굴魚龍窟이란 이름을 들을 만큼 심환지의 심복이었다. 어룡굴이란, 물고기와 용의 소굴이란 뜻으로 어용겸과 서용보의 무리를 풍자적으로 표현한 말이다. 그것을 입증하듯 정조의 어찰에는 이 두 사람이 심환지의 연락책으로 자주 등장한다. 심환지는 소론의 영수였던 서명선徐命善도 공격하고, 남인측인 채제공과 이가환을 강하게 비판하며, 박제가朴齊家의 불손한 행동을 질타하는 등 시파時派 공격의 선봉에 서서 강경한 정치적 입장을 고수했다. 여진족의 나라인 청나라에는 굴복할 수 없다 하여 사신 가기를 거부하는 상소를 올리기도 했다. 결국 사신은 교체되었다. 이처럼 심환지는 괴벽한 주장과 원칙론을 고집했다. 그런 태도는 이 시기 정조에게도 어느 정도 필요했던 듯하다. 정조 말년 그는 이조판서와 좌의정을 역임하고 호위대장을 맡는 등 정치적으로 승승장구했는데, 어찰이 1796년 이후에 집중된 이유도 그의 정치적 비중이 막중했기 때문이다.

어찰의 수신처는 대체로 심환지의 저택으로 그의 서울집은 경복궁 뒤쪽 삼청동에 있었다. 1782년 무렵에 심환지가 지은 「만포거사전晚圃居士傳」과 「만포헌기晚圃軒記」에 따르면 처음에는 셋집이었다. 329번 편지에서 평양 서윤과 집을 교환한 일을 두고 정조가 질책한 것을 보면, 주거에 변동이 생긴 듯하지만, 자세한 내용은 알 수 없다. 경기도 용인 서정평西亭坪, 곧 앞서 말한 정자평에 전장을 마련해서 그 집에도 '만포헌'이란 집이름을 붙였다. 한편, 1788년 노량진에 집을 마련하여 이후 간혹 여기에도 거주했다. 조정에 벼슬하는 고관이 상례로 하듯이, 사대문 안과 밖에 각각 집을 마련하고 경기지역에 전장을 두었다. 편지의 수신처는 거의 대부분 '삼청동'이었고, 그가 우의정에 제수될 때를 전후해서는 '노호鷺湖'였다.

1806년 정순왕후가 죽고 벽파가 완전히 정계에서 축출된 병인경화丙寅更化 이후 심환지는 역적으로 몰렸기 때문에 그의 문집은 후손가에 보관되었을 뿐 외부에 유통된 일이 없었다. 그래서 그의 학술과 문학은 지금까지 본격적으로 검토되지 못했다. 후손가에서 일괄하여 경기도박물관에 기증한 유일본 문집 『만포집』과 『만포유고晩圃遺稿』를 비롯한 사료를 분석한다면, 그의 정치적 활동상을 보다 깊이 있게 파고들 수 있다. 현재까지 심환

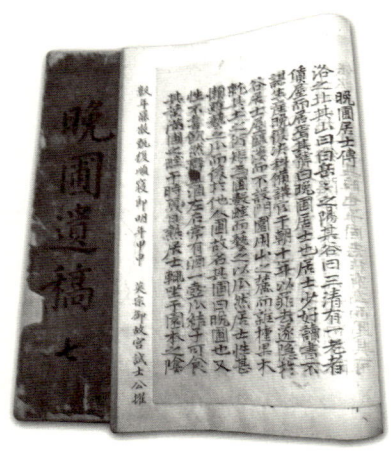

「만포거사전」, 경기도박물관 소장 | 『만포유고』에 실린 「만포거사전」. 삼청동 우거에 살면서 만포거사란 이름을 붙이게 된 사연을 밝혔다. 그의 인생관을 피력한 글이다.

지를 연구한 논문 한 편 나오지 않았다. 그는 오로지 괴벽한 정치가로만 평가되었으나 문집과 기타 사료를 분석해 본격적인 논의를 펼칠 필요가 있다. 여기서 문집을 통해 그의 삶과 문학을 간략하게 알아본다.

필자가 문집을 읽어본 바로는 정치적 문제를 다룬 시가 거의 없이 풍경을 읊고 친구와의 만남, 삶에 대해 느끼는 소회를 담은 것이 대부분이다. 정치가로서 풍모를 잘 드러내지 않고, 깔끔하고 지조 있는 품격의 시를 썼다. 그는 시인으로서 자부심도 가졌다고 한다. 18세기 중후반 서울에 거주하는 명문 세력가의 시풍에서 크게 벗어나지 않는다. 많은 작품 가운데 1798년 봄 필운대에 올라 지은 시를 특별히 주목해보자.

이 멋진 초가 정자 있기에   有此茅亭好

수풀 사이로 오솔길 나 있네.   綠林細逕通

술 한 잔 하고 시를 읊조리면서   微吟一杯後

온갖 꽃 속에서 높다랗게 앉아 있네.   高坐百花中

산과 계곡은 언제 봐도 그대로건만   丘壑長看在

누대는 하나같이 비어 있구나.   樓臺盡覺空

붉은 꽃잎 하나라도 흔들지 마라!   莫吹紅一點

늙어갈수록 봄바람이 안타깝구나.   老去惜春風

―「六閣之下花園小亭拈韻」

꽃구경의 명소로 이름난 육각봉* 아래 화원에서 지은 시이다. 앞서 언급한 이규상은 3, 4구를 인용하고 아름다운 시구로 평가하기도 했다. 이 시는 바로 정조의 귀에 들어갔다. 그래서 1798년 3월 17일에 보낸 편지에서 이 시를 거론하고 질문하는 대목이 나온다. "근래 꽃구경 가서 경이 지은 시에, '숲과 골짜기는 언제나 그대로이건만, 누대는 반나마 비었다〔林壑長應在, 樓臺半是空〕'는 구절이 있다고 들었다. 전하는 말이 맞다면 '반나마 비었다'는 구절이 무슨 의미인지 듣고 싶다"(248)는 내용의 편지이다.

이 시는 제목과 내용에서 쉽게 알 수 있듯이, 봄철 풍경을 보고 생겨난 시인의 감회를 읊었다. 온갖 꽃 속에서 높다랗게 앉아 있다는 3, 4구의 표현에는 고고하고 초연한 시적 화자의 태도를 담았다. 그런데 예전과 다름없이 산과 계곡은 아름답게 존재하는데도 누대로 찾아와 구경하는 사람이 거의 없다는 5, 6구는 정치적 환경은 변함이 없는데도 지지자와 동료가 거의 사라졌다는 정치적 함의로 읽을 여지가 있다. 붉은 꽃잎 하나라도 떨어뜨릴까봐 봄바람이 불지 않기를 바라는 7, 8구의 내용까지 염두에 둔다면 그렇게 해석해도 좋을 법하다. 풍경을 제대로 읊었으면서도 당파와 조직의 와해를 걱정하는 의중을 살짝 비쳤다고 해석할 수 있다. 벽파의 봄날은 간다는 노정객의 우려를 담은 우의寓意의 시로 읽는다면 지나친 견강부회일까?[20] 이 무렵 벽파의 세력 약화를 걱정한 귀 밝은 정조가 정치적 함의

---

* 육각봉(六閣峰): 서울 종로구 필운동의 산언덕.

「금강산에 놀러가는 이제학을 보내며 送二提學遊金剛」, 경기도박물관 소장 | 1798년 여름 금강산으로 떠나는 심환지에게 준 정조의 어제어필 시다. 여기서 이제학(二提學)은 심환지가 규장각에서 맡은 최고위직이다. 선임제학 정민시(鄭民始)는 일제학(一提學), 후임제학 심환지는 이제학이었다. 정조는 측근 신료에게 자주 시를 하사하여 친밀감을 표시했다.

가 있을지도 모르겠다고 판단하고 "반나마 비었다"는 구절의 함의를 물었으리라. 이처럼 심환지의 시작품은 그의 정치활동을 이해하는 정서적 배경을 담고 있어 깊이 있는 분석이 필요하다.

국왕을 상대로 심환지가 벌인 정치적 활동의 구체적 양상은 그가 국왕에게 보낸 상소문을 비롯한 사료에 잘 나타나 있다. 심환지는 어찰을 치밀하게 보관했을 뿐만 아니라 정치와 관련된 문서를 아주 꼼꼼하게 보관했다. 심환지 가문의 자료 가운데 초고본 문집은 어찰과 대비해봐야 할 각종 정치문건을 세밀한 정보와 함께 연대순으로 치밀하게 편집해놓았다.

정조가 심환지와 주고받은 편지는 우의정에 임명한 1798년 8월부터 11월까지 가장 빈번하게 오갔다. 『만포유고』 제5책에는 이 시기에 오간 정조의

『만포유고晩圃遺稿』 | 제5책, 「돈유敦諭」의 1798년 10월 15일과 17일 대목. 이 문서에서 사관이 방문한 날짜와 사관 이름을 빠짐없이 기록했다.

돈유敦諭와 심환지의 서계書啓가 모두 실려 있어 어찰과 정확하게 짝을 이룬다. 돈유란 임금이 교지敎旨를 내려 신하에게 명령하는 문서를 이르며, 서계는 임금의 명령을 받은 신하가 일을 마치고 그 결과를 보고하는 문서를 일컫는다.

우의정에 임명되고 노량진에 머물던 심환지는 거듭 사직상소를 올리고 정조와 비밀편지를 왕래하며 상소문의 내용과 정국을 상의했다. 10월 16일 저녁에 정조가 보낸 편지에는 "내일이나 모레 사이에 다시 사람을 보내 돈유할 것이니, 일단은 '아직 병이 낫지 않았습니다'라고 대답하는 것이 어떠한가?"(406)라고 편지를 보냈다.

『만포유고』 제5책 15면에는 이 날짜에 편지가 오고 간 구체적 정황이 나온다. 사적인 비밀편지와는 별도로 정조는 15일에 사관史官 백봉주白鳳周를 보내 벼슬하러 나오라는 국왕의 공식 명령을 전달했다. 이 명령을 받

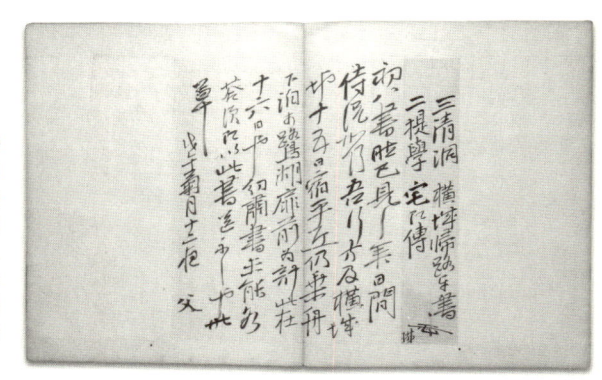

『가장유적家藏遺蹟』에 실린 심환지의 편지, 경기도박물관 소장 | 우의정에 임명되고 금강산 유람을 마치고서 1798년 9월 12일 밤 횡성에서 삼청동 아들에게 보냈다. 15일에 평구역에서 자고 배를 타고 16일쯤 노량진 문앞에 정박할 예정임을 전했다. 심환지의 독특한 필체가 잘 나타나 있다.

고 심환지는 질병으로 명령을 받들지 못한다고 정조의 은밀한 분부대로 답했다. 정조는 약속한 대로 이틀 뒤인 17일 비밀편지를 보내 "간밤에 잘 있었는가? 이제 곧 돈유할 텐데, 이번에는 며칠 내로 다시 상소하지 않으면 안 된다. 그런 다음에야 남들과 달라질 수 있다. 이 말을 전하려고 사관이 떠나기 전에 심부름꾼을 보낸다. 부계附啓는 이대로 하는 것이 어떠한가?"(407)라는 내용을 지시했다. 『만포유고』에 보인 것처럼 심환지는 "17일 사관 승응조承膺祚가 특별지시를 전했기에 뒤에 부계를 썼다"[21]는 쪽지를 붙이고 이어서 서계와 함께 상소를 첨부했다. 심환지는 사관이 전한 정조의 공식적 왕명과는 별개로 밀찰에서 지시한 대로 행동했다.

정리해 말하면, 정조는 사관을 보내서는 빨리 벼슬하러 나오라고 명령하고, 비밀편지를 보내서는 병을 핑계대고 나오지 말고 며칠 뒤에 상소를 올리라고 지시했다. 정조와 심환지는 사관을 통한 공식적 절차는 절차대로 진행하고, 그와는 별도로 비밀편지를 주고받으며 행동과 의견을 조율했다.

정조의 어찰과 심환지의 문집, 그리고 『정조실록』을 비롯한 정사正史, 이 세 가지 사료를 견주어볼 때, 정조는 공식과 비공식의 두 가지 경로를 이용하여 심환지와 접촉했음을 분명하게 보여준다. 『어찰첩』을 발굴하기 이전에는 이러한 사실을 실물로 확인하지 못했고, 아무도 그 점을 주목하지 않았다. 이제 『어찰첩』이 나타나 국왕이 정치를 운영하는 새로운 방식을 드러냈다. 그런 점에서 이 3종의 사료를 서로 면밀하게 비교하여 검토할 필요가 있으며, 그렇기에 심환지의 문집은 주목할 가치가 있다.

심환지는 공적, 사적 행위를 모두 꼼꼼하게 기록할 만큼 치밀한 성격이었다. 일반적으로 어찰에 대해서는 모두들 정확한 기록을 남겨두지만, 심환지는 유독 세심한 주의를 기울였다. 이 때문에 편지와 관련해 심환지가 보관한 모든 문건은 일차 사료로서 소중한 가치를 지닌다. 『정조어찰첩』이 기적적으로 현재 상태로 존재할 수 있었던 것은 치밀하고 세심한 그의 기록태도 덕분임을 인정해야 한다.

한편, 정조는 "부디 능종能種, 심환지의 아들을 시켜 대강을 기록하게 하라. 이 일은 전말이 이러하고 결론이 이러하며, 저 일은 내력이 저러하고 의론이 저러하다는 식으로 일일이 자세히 기록하여 편지를 주고받는 것이 좋겠다"(528)고 지시했다. 치밀하게 기록하는 정신, 그것은 심환지 개인만의 것이라기보다는 군신 간에 공유한 철저한 정신이었고, 이 시대 사대부의 일반적 정신이었다고 말해도 좋다.

비밀편지의 왕래 과정

정조가 심환지에게 보낸 어찰의 핵심적 가치는 국왕과 대신이 남의 눈을 피해 비공식적으로 주고받은 비밀편지라는 사실에 있다. 그렇기 때문에 『정조실록』이나 『승정원일기』, 『일성록』, 『내각일력』과 같은 사료에 나타난 정치현상과는 색다른 모습을 보여준다. 지금까지 우리가 보아왔던 조선시대 국왕과 대신 사이의 국정 파트너십과는 전혀 다른 모습이다. 그 비밀스러운 편지 왕래는 우연한 일시적 현상이 아니라 정조의 의도적이고 강력한 정치행위임이 분명하다. 과연 어떠한 과정과 시스템으로 밀찰의 정치가 구현된 것일까? 밀찰의 시스템을 살펴본다.

비밀편지 연락책, 팽례

정조는 자신과 심환지 사이의 편지 왕래를 비밀에 부치고자 했다. 편지는 심복으로 활동하는 비밀편지 연락책, 곧 팽례伻隸가 전담하여 전달했다. 팽례 구실은 승정원에서 심부름을 도맡아 하던 정원사령政院使令과 심환지의 청지기, 곧 겸종傔從 또는 겸인傔人이 맡았을 것으로 추정한다. 모두들 주인의 의중을 신속하게 전달할 수 있는 믿음직스럽고 충직한 심복이었다. 승정원 사령은 세습직으로서 임금과 가장 가까운 곳에 있기에 신수가 훤칠하고 식견이 있는 자가 맡았다. 그들은 사령의 옷을 입지 않고도 궁궐을 출입할 수 있었고, 승지를 대신하여 『승정원일기』를 쓰기도 했다고 전한다.[22] 액정서掖庭署에 소속되어 임금을 가까이서 모시는 액례掖隷와 별감別監, 그리고 대갓집 청지기 등과 어울리며 한양 색주가色酒家의 실력자로 행세할 만큼, 신분은 낮으나 상당한 부와 권세를 누린 존재들이다.

『어찰첩』에는 이들 정원사령과 청지기가 여러 차례 등장하여 편지가 어떻게 오갔는지 짐작할 수 있다. 정원사령으로는 김례金隸가 여러 차례, 인례仁隸가 두 차례 등장한다. 김례가 다른 일로 출타했을 때 대신 이씨 성을 가진 포교(李校)를 보낸 적도 있다. 상대방의 편지 연락책들끼리는 서로의 역할을 잘 알았기 때문에 비밀스럽게 편지를 주고받았다. 다음 두세 가지 사례는 그와 같은 왕래 과정을 잘 드러내 보인다.

(1) 김례金隸를 쓰지 못하여 편지를 보낼 길이 막혔으므로 답답하기가 이루 말할 수 없다. …… 이교李校가 구두로 전하는 말이 있을 텐데, 김례가 나가 있는 동안은 이렇게 하는 것이 어떠한가?[23]

(2) 여기에 가는 놈은 잘 걷고 근실하니 모름지기 잘 대해주어라. 이 뒤로는 이 놈을 번갈아 보내겠다. 다가오는 선혜청宣惠廳 행하行下에 넉넉히

주는 것이 어떠한가?[24]

(3) 요사이 오랫동안 소식이 없는데, 어째서 정승에 임명하기 전보다도 더 뜸한가? 나의 하례는 사람들의 이목을 번거롭게 할 것 같아 낮에는 정말 보내기 어렵다. 이후로는 이러한 사정을 알고 그대의 겸인을 자주 보내도록 하라! 그런데 겸인 중에 잡류가 많다고 하니, 솎아낼 방도를 생각하여 더욱 치밀하게 하는 노력이 필요하다.[25]

인용한 글에서 보듯이 정조는 편지 왕래를 매우 독촉했다. 김례가 없어 편지를 보내기 어렵다고 했으므로 정조는 심환지가에 아무나 보내지 않고 전담 연락책을 이용했다. (2)는 정조가 편지 심부름꾼에게 얼마나 신경을 썼는지를 잘 보여준다. 며칠 사이에 계속 연달아 편지가 오가다 일주일 동안 편지가 없자 바로 (3)처럼 소식이 뜸하다고 탓했다. 편지를 활용하여 잠시도 국왕과 끈을 놓지 못하도록 묶어놓으려는 심사이다. 현재 심환지가 정조에게 보낸 일련의 편지는 전하지 않지만, (3)의 정황을 놓고 볼 때, 정조보다 오히려 많은 양의 편지를 보냈다는 것은 자명하다.

빈번한 편지 왕래를 전담한 연락책은 위 인용문에 나오는 인물들이다. 연락책은 서신을 전했을 뿐만 아니라 구두로 사연을 전달하기도 했다. 또 정조는 남의 눈에 띌 것을 염려하여 정원사령보다 심환지가의 겸인을 통해 편지를 주고받으려 했고, 그들 겸인조차도 잡배가 끼어들까봐 염려했다. 그만큼 심환지와 편지를 왕래하는 사실을 비밀에 부치고자 했다.

비밀유지

위에서 본 것처럼 정조는 심환지와 편지를 매개로 정보와 의견을 교환한다는 사실을 외부에 알리려고 하지 않았다. 정조는 심환지뿐만 아니라 많은 신하들로부터 여론을 청취하고 정보를 수집했으나 그들을 상호간에 연결하기보다는 자신과 단독으로 연결시킨 폐쇄적 정보망을 운영한 것으로 보인다. 다만 같은 파벌로 지극히 가까운 사람들, 예컨대 벽파 가운데 심환지, 서용보, 어용겸, 이서구 등 몇몇 핵심 인물 사이에는 정보망과 연락망이 겹쳐 있었다. 정조는 지속적으로 편지를 왕래해야 하는 상황에서 편지 왕래에 관한 소문이 돈다는 소식을 접수하고서 심환지에게 면밀한 주의를 당부하기도 했다. 다음 편지를 보자.

이렇게 편지를 주고받는 듯하다는 말이 나온 이유는 경이 낯빛을 조심하지 않아 다른 사람들이 그 낌새를 알아차렸기 때문이다. 요사이 얻어들은 이야기가 많다. 경과 절친하다는 자가 또다시 경과 절친한 남에게 말을 전하는 일이 없겠는가? 이러한 사리와 분수를 왜 간파하지 못하는가?[26]

국왕과 심환지 사이에 비밀편지가 왕래한다는 소문이 퍼진 정보를 입수하고 정조는 심환지에게 비밀의 누설을 질책했다. 낯빛조차 조심하되, 특히 절친한 사람을 조심하라고 당부했다. 이 밖에도 십여 곳에서 비밀스럽게 말한 내용을 발설하지 말 것과 편지를 주고받는다는 인상을 남에게 심지 말라고 지시했다. 거듭 입조심을 당부하고 심하게 질책했다. 그렇게 조심시킬 만큼 비밀편지에는 일반에게 공표해서는 안 되는 정조의 사사로운 '말'과 '심경'이 고스란히 실려 있었다. 실제로 편지 실물을 볼 때, 만약 편지의 내용이 발설되었을 경우에 일어날 심각한 물의를 충분히 예상할 만하다.

정조의 염려는 연락을 맡은 인편을 각별히 조심하라는 당부로 이어졌다.[27] 편지 왕래 자체뿐만 아니라 자신과 주고받은 비공식적 대화의 내용을 비밀에 부칠 것을 요구했다. 정조는 심환지가 자신이 당부한 대로 비밀을 유지하지 못한다며 거듭해서 심하게 질책하곤 했다. 주의를 주느라 혀가 닳을 지경이라고 강조하고, 또 시속의 무리도 그런 짓은 하지 않는다는 심한 말까지 했다.[28] 서용보에게 비밀을 발설했다고 질책한 사례에서 그 정도가 잘 드러난다.

내가 그[徐龍輔]에게 말하지 않은 것을 경은 함부로 이야기했다. 나는 이처럼 경을 격의 없이 대하건만 경은 갈수록 입을 조심하지 않는다. 앞으로 경을 대할 때 나 역시 입을 다무는 수밖에 다른 방법이 없다. 우스운 일이다. 이른바 "이 떡 먹고 말 말아라"는 속담과 같으니, 다시금 명심하는 것이 어떠한가? 경은 이제 늙어 머리가 세었다. 게다가 처지와 신임이 어떠한가? 그런데 매번 입조심 한 가지 일만은 탈이 생기니, 경은 생각 없는 늙은이라 하겠다. 너무 답답하다.[29]

농담이 조금 섞인 지시이기는 하나 입조심을 하지 않는다고 "생각 없는 늙은이"라고 쏘아붙였다. "이 떡 먹고 말 말아라"는 속담까지 활용했다. 이 속담은 비밀이 들통날까 두려워하여 먼저 이익을 나눠주고 발설하지 못하도록 단속하는 행위를 빗댄 말이다.[30] 그만큼 나이가 들었으면 어떻게 처신해야 할지를 잘 알 만도 한데 그렇지 못하다고 질책했다.

비밀편지의 처리

그처럼 정조는 국정운영과 인사문제의 비밀이 걸린 편지를 남모르게 주고받고자 했고, 심환지가 그 편지를 남에게 돌리거나 실수하여 외부로 유출될까봐 염려했다. 연락인이 말로 주고받았을 경우에는 입만 봉하면 비밀이 유지되지만 편지는 물증이 남으므로 정조는 비밀편지의 처리에 민감했다. 그 때문에 특별히 비밀을 요하는 내용의 경우에는 거듭 편지를 불사르거나 찢어버리라고 주문했다. 그러지 않으면 아예 자신에게 다시 돌려보내고, 다른 말이 없을 때에는 그것을 정식으로 삼으라고 지시했다.[31]
그 같은 노파심을 단적으로 보여주는 것이 다음 편지이다.

훈국訓局, 훈련도감의 장관將官에 관한 일은 전한 사람의 착오인 듯하다. 이 편지는 보는 즉시 찢어버리든지 세초洗草, 초고를 없애는 것하든지 하라! 한 가지 염려가 늘 떠나지 않는 것은 집 안에서 조심하지 않는 점이다. 경이 각별히 치밀하게 한다면 이런 염려가 어디서 나오겠는가? 듣자하니 경의 아들이 자못 비범하여 제 형보다 낫다고 하던데, 경을 위해 늘 다행이라 여긴다. 이러한 서찰은 경이 스스로 세초하는가 아니면 경의 아들을 시켜 세초하는가? 처리하는 방법을 듣고 싶으니, 나중 편지에 반드시 한번 언급하여 이 의심을 풀어주기 바란다.[32]

심환지가 편지를 신중하게 관리하지 않으므로 찢든지 세초하든지 하라고 신신당부했다. 외부로 유출하는 것은 말할 나위 없고 집 안에서도 조심하라고 당부했다. 한 걸음 나아가 편지의 세초를 본인이 직접 하는지 아니면 아들이 하는지를 다음 편지에서 보고하라고 지시했다. 집요하리만큼 거듭 정조는 왕래하는 편지를 없앨 것을 지시했다.

그러나 그 지시를 심환지는 의도적으로 묵살했다. 실수나 특별한 목적으로 일부가 남은 것이 아니라 350여 통이 온전하게 남아 있는 것은 정조의 지시를 의도적으로 거부했음을 의미한다. 그것이 미스터리이다. 현재로서는 비밀편지를 보관한 심환지의 속내를 밝힌 문건은 없다. 정조가 노련한 정치가였듯이 심환지는 그에 못지않은, 아니 그보다 더 노회한 정치가였다. 심환지는 왕명이면 무조건 순종하는, 순진하고 힘없는 정치가가 아니었다.

조심스럽게 추정해본다면, 노론 벽파라는 한 정파를 이끈 리더로서, 심환지가 정치적 보험을 드는 의미로 보관했으리라 생각한다. 정조어찰은 정조의 정치적 입장이 노론 벽파와 다르지 않고 오히려 동지적 관계라는 사실을 뚜렷하게 입증해줄 만한 좋은 증거물이었다. 이를 확보해두는 것은 정치적으로 매우 든든한 보험이다. 단지 귀중한 보물이기에 어찰을 보관했다고 보기에는 비밀스런 국왕의 속내가 너무 많이 담겨 있어 현존하는 정조의 일반적인 어찰과는 성격이 다르다.

이들 어찰은 심환지가 정조와 맺은 깊은 관계를, 그리고 심환지가 행한 정치적 행위의 정당성을 입증하는 명확한 증거물이다. 부침이 격심한 정계에서 정치적으로 불리한 상황을 예상하고 어찰이 혹시 유용하게 쓰일 때를 예상하기는 그리 어렵지 않다. 어찰은 정치적 문건이고, 그 문건이 나중에 일정한 기능을 할 가능성을 그로서는 배제하기 어려웠을 것이다.

어쨌든 정조가 심환지에게 보낸 어찰첩은 세상에 남아 있기가 어려운 비밀문서인 것만큼은 자명하다. 받아보고 바로 없앴어야 할 편지가 일괄로 남아서 굳이 비밀에 부치고 싶어한 이백 년 전 정조와 그가 베푼 정치의 속내가 폭로되었다. 당연히 없앨 것으로 예상한 편지이기에 따라오는 특징이 있다. 일반적 편지와 다르게 문식文飾을 가한 정제된 글이 아니라는 점과 남이 보거나 후대에 남을 것을 예상치 않아 조심하지 않고 쓴 점이다. 그랬기 때문에 정조의 원색적이고 적나라한 모습이 감추어지지 않은 채 드러나는 것이다.

정조 후반기의 정치 지형: 시파時派와 벽파僻派

정조시대 정치의 파벌은 이전의 노론과 소론, 남인과 북인의 네 개 당파로도 구분하지만 그보다는 크게 시파와 벽파로 구별한다. 보통 시파는 정조의 뜻을 따르는 일종의 여당, 벽파는 정조의 뜻에 반대하는 일종의 야당을 가리킨다. 시파와 벽파는 실체가 분명한 정치적 파벌임에도 불구하고 그 구성원이나 활동양상은 아주 모호하다. 시파와 벽파가 분리된 시점은 정조 8년 무렵으로 정조의 정국운영에 대한 서로 다른 입장에 따라 갈라졌다고는 하나 정치적 파장은 주로 후반에 치우쳐 있다. 시파는 대체로 소론과 남인이 많이 가담하였고, 정민시, 서유린, 윤행임, 이병모, 심념조, 김조순, 심낙수 등의 노론이 여기에 속했다. 벽파의 주도자는 김종수와 심환지, 권유, 이안묵, 송재경, 이노춘, 이규위, 김관주, 김달순, 유언호, 이서구, 윤시동 등이다. 이들 벽파의 배후에는 영조의 계비인 정순왕후가 도사리고 있었다. 벽파는 사상적으로 인물성이론人物性異論을 주장하는 한원진의 호론湖論을 따르며 원칙론을 주장하였다.

벽파는 1795년 정조의 최측근이던 소론 정동준을 공격하여 정권을 잡았는데 이것이 어찰에서 정조가 말한 '벽패환국'이다. 곧, 벽파가 시파 중심의 정국을 벽파 중심의 정국으로 전환시켰다는 말이다. 이후 벽파가 정국을 주도한 시기가 지속되다 정조가 사망한 뒤에는 정순왕후가 대리청정하면서 벽파가 실권을 독차지했다. 1805년 정순왕후가 사망하면서 벽파는 정치적 파벌로서 생명을 완전히 잃었다.

정조가 어찰을 보낸 사람들

정조는 누구에게 얼마나 많은 어찰을 보냈을까? 아직 그 전모가 밝혀지지 않았다. 정조어찰은 크게 친족과 대신에게 보낸 것으로 나뉜다. 대신에게 보낸 것은 심환지에게 보낸 비밀편지가 350통 정도 확인되었다. 다음으로 개혁을 추진한 명재상인 채제공蔡濟恭, 1720~1799에게 보낸 어찰이 현재 수십 통 확인되었으나 실제로는 심환지보다 더 많았을 가능성이 높고 그의 문집에도 10통 내외가 전한다. 채제공에게 보낸 어찰은 흩어져 개인 소장자가 분산 소장하고 있다. 화성 건설을 주도한 조심태趙心泰, 1740~1799에게 화성 건설과 관련해 보낸 어찰 14통이 화성박물관에 소장되어 있다. 국립중앙도서관에는 수신자가 밝혀지지 않은, 신하에게 보낸 14통의 어찰 『정조어찰正祖御札』이 전한다. 한편, 서

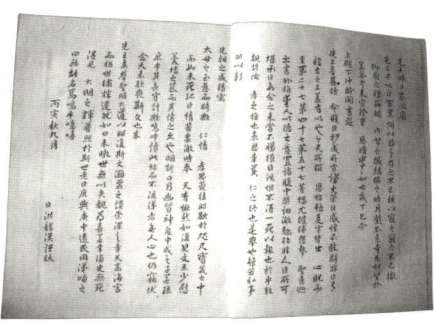

1806년 9월에 정조의 외종조부인 홍용한 (洪龍漢)이 쓴 어찰첩 발문이다. 혜경궁 홍 씨가 4월에 친정에 명을 내려 정조의 어 필 일체를 정리하라고 하여 집안의 어찰 을 정리한 과정을 상세하게 기록하였다. 정조의 학문과 덕망을 찬미하고 이러한 보물을 정리할 수 있게 된 것을 감격스러 워하였다. 홍기창(洪起昌) 소장.

형수徐瀅修의 『명고전집明皐全集』에도 어찰 12통이 실려 있다. 실물은 보이지 않으나 김종수金鍾秀와 홍양호洪良浩 등에게 어찰을 내려보낸 사실이 역사서에 나온다.

친족에게 보낸 어찰은 1806년 병인경화丙寅更化 이후 혜경궁 홍씨의 명으로 대대적으로 정리되어 동일한 형태의 첩으로 만들어졌다. 이때의 어찰정리사업은 혜경궁 홍씨의 친동생인 홍낙윤이 총지휘했다. 그는 『한중록』 편찬에도 깊숙이 개입한 인물이다. 이 "전가傳家의 기진奇珍이자 절세絕世의 희완希玩인"(홍취영의 발문) 영조와 사도세자, 정조의 어필이 모두 2094폭이었는데 그 가운데 가장 많은 양이 초대 조선총독이었던 데라우치에 의해 일본으로 반출되어 야마구치 현립 도서관에 소장되어 있다. 그 밖에 장서각에 홍봉한과 홍낙임洪樂任에게 보낸 어찰첩 2첩이 전하고, 연세대와 고려대에도 친족에게 보낸 어찰첩 11첩이 전한다. 또 홍취영洪就榮, 1759~?에게 보낸 어찰이 삼성미술관 리움에 한 첩, 국립중앙박물관에 두 첩 소장되어 있다. 외종조부인 홍용한洪龍漢의 후손가에 1806년에 제작된 3개 어찰첩에 대략 90통의 어찰이 전해지고, 국립고궁박물관에 소장된 『정조어찰첩正祖御札帖』에도 친족에게 보낸 21편의 어찰이 실려 있다. 체제공에게 보낸 어찰을 비롯해 많은 어찰이 공개되어 전모를 알 수 있기를 고대한다.

4

어찰과
정치가 정조

그런데 심환지에게 보낸 9일자 편지에서 승지 이익모가 올린 상소가 실은 국왕 자신이 시켜서 올린 것임을 밝혔다. 국왕이 원하는 방향으로 여론을 이끌기 위해 승지를 시켜 자기에게 상소를 올리도록 선수를 친 것이다. 공작정치의 냄새가 강하게 풍긴다. 왕조의 공식 역사기록인 『정조실록』만으로는 이익모의 상소는 오로지 그와 그가 대변하는 정치집단의 의견을 개진한 것으로 볼 수밖에 없다. 그러나 비밀편지를 통해 그 상소가 실제로는 국왕의 생각, 나아가 그런 정치과정을 국왕의 의도대로 끌어가려는 각본에 따라 올려졌음이 밝혀졌다.

士戴之自備以士戴世人之目之以十戴即
有所不為而所見欲高於俗習尚述心其中
雖主必嘗述而外由言論永自有重人処
此所以郭之之勝於偶物也卿別漸漸浮污
於塵垢中渡模粮無髮甲既無見人所不
見之見又無言人所不言之　　壬戌年冬

이제 심환지에게 보낸 어찰을 바탕으로 정치가 정조의 실상을 본격적으로 살펴본다. 『정조어찰첩』의 내용은 관료의 인사문제와 정치현안, 그리고 개인의 신상과 감정에 관한 문제가 주류를 이룬다.[33] 주요 관심사를 중심으로 분류해보면 대략 다음과 같다.[34] 물론 한 편지에 여러 내용을 함께 다룬 것이 적지 않음을 감안해야 한다.

	내용	편지 건수	비고
1	정치 현안 논의	67	정치 현안을 주제로 논의하고 지시하거나 막후조정
2	인사 문제	54	관료의 인사 문제를 논의하고 지시
3	상소문	41	상소와 차자 등 임금에게 올리는 각종 문건의 동향과 내용을 논의
4	정계의 여론 동향	31	정계의 여론 동향을 탐문하고 논의
5	정조와 심환지의 개인사	31	서로의 안부와 가정사
6	부정부패의 척결과 정조의 관심사	19	관료의 비리와 정조의 정국 운영
7	심환지의 출처	18	심환지의 관직 문제와 진퇴문제
8	조정 인사의 인물	15	대신의 능력을 평가하는 내용
9	정조의 성격	11	정조 자신의 성격과 인간됨
10	정조의 건강	10	정조 자신의 건강을 발설함

『어찰첩』은 본질적으로 정치문건이다. 심환지를 상대로 한, 정조의 정치적 행위를 담은 사료이다. 편지를 주고받은 기간에 심환지는 이조판서와 우의정, 좌의정을 지냈다. 막중한 책임을 진 심환지에게 보냈기에 앞에서 정리한 내용이 주축을 이룬다. 그러나 보는 입장에 따라 내용은 달리 보일 수 있다. 예컨대, 많은 논의의 밑바탕에는 시파와 벽파의 갈등이 꿰뚫고 있어서 그 문제를 수십 통에 이르는 편지의 주요한 문젯거리로 삼을 수 있다. 비밀편지는 무엇보다 노련한 현실 정치가로서의 정조를 드러낸다.

막후정치의 실상

『어찰첩』에 실린 편지는 비공개를 전제로 한 비밀편지이다. 그런 만큼 공식 역사기록에서 엿볼 수 없는 은밀한 정치행위를 확인할 수 있다. 은밀한 정치행위를 대표하는 것이 바로 막후에서 여론을 유리한 방향으로 형성시키고, 상소를 올리거나 중지하도록 조정하는 일이었다.

상소는 신하가 국왕에게 의견을 개진하는 행위인 동시에 여론을 형성하고 정국의 방향을 흔들기도 하는, 매우 중요한 정치행위였다. 조선 오백년 역사에서 고비 때마다 상소는 대단히 중요한 역할을 했다. 어떤 사안에 관해 여론 주도층인 사대부의 시각을 드러내고 이에 대한 처리방법을 공론화하는 가장 중요한 장치가 상소였다. 따라서 상소에는 이를 작성한 사대부 집단과 개인의 의견이 선명하게 나타난다. 그런데 비밀편지에는 이런 상소가 사대부의 자발적 의도만이 아니라 국왕의 의도대로 작성되거나 중단되는 정조시대 정치의 특수한 정황이 흔하게 등장한다. 몇 가지 사례를 통해 그 구체적 실상을 살펴보자.

1800년 2월 2일 후에 순조가 될 세자의 관례와 책봉례冊封禮, 왕세자를 책봉하는 의례를 거행했다. 이 예식을 마치고 정조는 정계에서 완전히 축출된 전 영의정 김상복金相福 등을 사면하는 조치를 단행했다. 이 조치에 노론 대신들이 반발하여 철회를 요구했고, 승지 이익모李翊模도 강경한 상소를 올렸다. 『정조실록』에 이 상소가 실려 있고, 정조는 그 상소에 대해 "면전에서 아뢰고 상소까지 하다니 너무 지나치지 않은가?"라며 거부하는 취지의 비답批答, 임금이 상소문의 말미에 적는 가부의 대답을 내렸다.

그런데 심환지에게 보낸 9일자 편지에서 승지 이익모가 올린 상소가 실은 국왕 자신이 시켜서 올린 것임을 밝혔다. 국왕이 원하는 방향으로 여론을 이끌기 위해 승지를 시켜 자기에게 상소를 올리도록 선수를 친 것이다. 공작정치의 냄새가 강하게 풍긴다. 왕조의 공식 역사기록인 『정조실록』만으로는 이익모의 상소는 오로지 그와 그가 대변하는 정치집단의 의견을 개진한 것으로 볼 수밖에 없다. 그러나 비밀편지를 통해 그 상소가 실제로는 국왕의 생각, 나아가 그런 정치과정을 국왕의 의도대로 끌어가려는 각본에 따라 올려졌음이 밝혀졌다. 이렇게 본다면 정치행위에 관련된 『실록』과 같은 공식 역사기록 중 일부는 작성 경위에 의심의 눈초리를 던져야 한다.

심지어 1797년 2월 5일 편지에는 이전에 김종수金鍾秀가 올릴 상소 초본을 아예 정조가 직접 지어서 보냈다고 밝혔다. 김종수가 국왕에게 올릴 상소를, 상소를 받을 상대인 국왕이 직접 지은 셈이다. 상소를 정조가 짓고 정조가 받은 황당한 상황은 여론을 만들기 위해 공작을 꾸민 행위라고 말하지 않을 수 없다. 이 사실은『한중록』에서 혜경궁 홍씨의 입으로도 밝혀졌다. 홍국영을 실각시키는 데 결정적인 역할을 한 상소를 김종수가 올렸는데 실상 정조의 하명에 따라 올린 상소라는 것이다. 이 책에서는 "그 후에 종수가 차자劄子, 사실만을 간략히 적어 올리던 상소문를 올려 국영을 쳤으니 이는 선왕先王, 정조를 가리킨다이 친히 시키신 일이라"[35]고 밝혔다. 홍국영 편에 들었던 김종수가 갑작스럽게 돌변하여 그를 공격한 배경에 정조의 지시가 있었던 셈이다.

심환지의 경우도 마찬가지이다. 『승정원일기』와 같은 공식 사료에 심환지의 행동으로 기록된 일이 실제로는 정조의 지시에 따른 것임이, 비밀편지의 등장으로 여러 건이나 폭로되었다. 또 동일한 사건에 대해 정조가 심환지에게 피력한 의견이 공식적인 사료와 비밀편지에서 서로 다르다. 결국 정조는 심환지를 조종하여 자신의 정치적 의도를 관철시키거나 사건에 대한 자신의 속내를 드러낸 것이다.[36]

화성 건설 공사가 끝난 뒤 한양의 부호를 화성으로 옮기는 대책과 관련하여 막후에서 벌어진 일은 이러한 사례를 흥미롭게 보여준다. 정조는 축성이 끝난 상황에서 세금 감면의 혜택과 함께 수원 사람들을 부유하게 할 구체적 방안을 강구하라고 비변사에 지시했다.[37] 그에 따라 1797년 2월 22일 비변사에서 고급 수입 모자와 인삼의 무역과 판매를 화성 상인에게 독점시키자는 「화성부호모삼절목華城富豪帽蔘節目」을 올렸다. 비변사에서 중책을 맡아보던 정민시鄭民始가 주도한 일이었다. 그 이틀 전인 20일 어찰에는 "아침에 일제학〔鄭民始〕을 만났는데, 들을 만한 말이 많았다. 만나지 않고서는 이야기하기 어렵다. 기밀을 더 신중히 살피는 것이 어떠한가?"라고 했다. 정민시가 비밀리에 추진한 일이 조정에서 공식적으로 제기하기 전에 정조에게 보고되었고, 그 사실을 심환지에게 통보한 것이다. 심환지도 그 대강을 알았을 것이므로 정조는 기밀을 지키라고 지시했다. 이 정책이 정조의 의중을 반영했음을 시사한다.

그런데 이 일이 조정에서 공식화된 22일 이후 25일에는 이 절목을 두고 판중추부사 이병모李秉模가 여섯 가지 이유를 들어 반대하는 차자를 올렸다. 그 내용이 『정조실록』에 자세하게 나온다. 그의 반론이 여론의 지지를 받았고, 정조는 다시금 채제공에게 「화성부호모삼절목」에 대한 타당성을 조사하게 했다. 채제공도 이병모의 의견에 찬동했다. 이날 정조는 심환지에게 이병모의 차자를 칭찬하는 내용의 편지를 보냈다. 그로부터 열흘 뒤 3월 5일 보낸 어찰에는 "우의정 윤시동尹蓍東이 죽고 난 뒤 도道가 날로 외로워졌다. 그래서 교묘한 꾀를 지닌 아무개 대신을 일으켜 세워 물망을 얻게 했으니, 어찌 원대한 계책이 아니겠는가? 껄껄!"(123)이라고 했다.

부호를 이주시키려던 정민시의 계획을 이병모가 무산시켰다. 국립중앙박물관에 소장된 23일자 어찰을 보면 이병모가 벽파에 기울었다고 소문이 났다. 이 어찰을 보면 이병모가 올린 상소조차도 정조의 의중에 따라 올렸을 가능성이 있다. 또 정조는 역으로 무산된 계획을 정치적으로 이용하거나 이를 무마하려는 의도를 보여준다. 결국 심환지나 김종수, 이병모 등이 올린 상소문이나 정치적 행위에는 정조의 직접적인 지시나 의중이 작동했다는 말이다.

한편, 『어찰첩』 여러 곳에서 상소를 혼자 쓰지 않고 파벌과 당파에서 공동 제작했다는 사실을 확인할 수 있다. 다만 여럿이 작성한 상소를 개인의 이름으로 올렸을 뿐이다. 그래서 정조는 상소가 올라올 때 대체로 그 이면을 읽으려는 태도를 보인다. 예컨대, "이동식李東埴의 상소는 어디서 나왔는가? 서매수와 이서구 중에 누가 주도했는가?"(606)라고 물어 이동식이 올렸다는 상소의 배후에 주모자가 따로 있음을 캐물었다. 또 1797년 3월 12일 편지에는 정민시로부터 들었다고 하면서 "예전에 김종수의 상소에 대해 상소의 초를 잡은 사람이 누구누구이고, 중간에 자구를 고쳐준 사람이 누군지를 하나하나 분명히 말하지 못하는 한양 사람이 없다"고 지적했다. 상소의 명목은 김종수이나 실질적 작성자는 따로 있으며, 몇 사람이 공동으로 상소를 쓴 사실이 공개적으로 떠돈다고 지적했다.

이 밖에도 이명연李明淵의 상소를 비롯해서 정치적 이슈가 된 사건의 배후를 찾는 경우가 적지 않다. 상소가 이렇게 만들어진 사례는 『조선왕조실록』에서 확인되지만 구체적 사실이 국왕의 입에서 이렇게 또렷하게 제시되기는 쉽지 않다. 정조는 상소를 비롯한 정치행위에서 명목과 실상을 분간하고 정치적 배후를 캐는 경향이 아주 농후하다.

따라서 정조시대 정치에서 벌어진 많은 행위가 겉으로 드러난 것과는 달리 국왕과 신료들 사이에 공작과 조율이 일정 정도 개입하고 있음을 『어찰첩』은 폭로한다. 그 결과 『조선왕조실록』과 『승정원일기』를 비롯한 공식 역사기록과 정치적 행위를 순진하게 곧이곧대로 신뢰하지 못할 부분이 일부 존재한다는 사실을 명확하게 드러냈다. 『어찰첩』은 정조시대 사료를 해석할 때 정치적 맥락을 신중하게 고려하도록 촉구한다. 더욱이 이러한 상황은 정조시대에 국한되지 않고 다른 국왕에게도 비슷하게 전개될 개연성이 있다.

강경한 의리와 모서리를 세운 태도

정조는 학자 스타일의 군주로 세심하고 온화한 인품의 제왕으로 알려졌는데 실제로 그런 측면이 있음을 부정할 수 없다. 한편 그런 이미지와는 달리 정조가 다양한 얼굴을 지닌 군주라는 사실을 『어찰첩』은 폭로한다. 정조는 국정 전반을 주도하는 봉건국가 국왕으로서의 위치를 크게 벗어나지 않았다. 현실 정치가로서의 정조는 다양한 측면에서 조명할 수 있으나,

『어찰첩』을 통해서는 정조가 강경한 의리를 표방하는 당파를 키우려 했고, 남과 각을 세워 정사를 처리하는 태도를 옹호했음을 발견하게 된다.

정조는 각 당파가 화합할 것을 유도하는 동시에 제 목소리를 분명하게 낼 것을 요구했다. 영조가 신하들에게 당파의 이해를 떠나 국왕에게 귀의하라고 요구한 것과는 달리, 정조는 신료가 당파와 의리를 고수하는 것을 인정하면서 그 위에서 탕평을 추구했다.[38] 신료에게 그러한 태도를 요구했을 뿐만 아니라 스스로도 남과 다른 주장을 굽히지 않았다. 또 각을 세우는 행위를 비판하기보다는 오히려 치켜세웠다. "내 평생 정국 운영에서 모가 나지 않고 쓸데없는, 골동품 버릇과 기상을 몹시 증오했다"고 밝히며 모가 나게 행동하는 정치적 자세를 두둔했다.

이러한 태도는 『정조실록』과 『홍재전서弘齋全書』 여러 곳에서 찾아볼 수 있다. 정조는 1789년 신하들과 더불어 세상의 풍토가 어지러운 점을 화제로 대화하면서 "그대들은 모두 나약한 사람들이다. 자신을 오늘날 조정에 세워놓았다면 마땅히 준엄한 상소문을 지어 시사時事를 통렬하게 따져서 험난함을 돌아보지 말아야 한다. 그렇지 않으면 관모를 벗고 떠나가야지, 어째서 용렬하고 못나게 대오를 뒤따르기만 하는가?"[39]라고 질책했다. 복지부동하고 부화뇌동하는 관료집단의 병폐를 통렬하게 비판하고 각자가 모서리를 세워 일하라는 요구였다.

심환지의 정적인 채제공을 높이 평가한 기준도 이렇게 모가 나게 처신하는 기상이었다. 우의정 채제공이 공격을 받고 물러나려 상소를 올리자

"내가 경에게서 취한 장점은 기개라"고 평가하고 나라와 군대에 용기를 주고 모가 나지 않은 버릇과 기상을 하루아침에 바꿔놓아 조정을 상고 시대로 회복시킬 사람은 바로 기개가 있는 채제공이라고 치켜세웠다.[40]

정조는 특별히 노론 벽파와 심환지에게 정국 현안을 처리하면서 적당한 타협이나 부드러운 화합보다는 선명하게 모서리를 드러내어 강경하게 대처할 것을 요구했다. 노론 벽파의 당파적 성격을 그렇게 세워나감으로써 다른 당파를 견제하는 효과를 보려 한 듯하다. 시파와 벽파, 노론과 소론, 남인의 여러 당파가 각축하는 상황에서 노론 벽파의 존재 의의는 원칙에 충실하게 강경한 정치노선을 견지하는 것이라고 본 듯하다. 그처럼 정조는 벽파 신료에게 의리를 강하게 펴고, 소신 있게 자기 당파의 주장을 펼치라고 지속적으로 주문했다. 몇몇 실례를 들어보자.

1797년 2월 5일 심환지의 심복인 어용겸이 승지가 된 이후 제 주장을 크게 하지 않고 "남들을 따라 잠자코 있으면서 처음부터 모서리를 드러내 말한 것이 없고" "눈에 거슬리고 귀에 거슬리는 속된 습관에 가까운 모든 일에 대해서 하나같이 눈을 감고 못 본 척하여" 두려워할 필요가 없는 잔골殘骨이 되었다고 지적하고 "일마다 사납고 독하게 하라"고 전할 것을 심환지에게 지시했다. 이보다 열흘 전 편지에서는 대사헌 송환기宋煥箕의 상소 초본을 거론하며 그가 "지론이 엄하지 않고 처사가 성실하지 않아 그의 입에서 나왔다면 만 줄 천 편의 글이라도 세도世道에 무슨 보탬이 되겠으며 대의에 무슨 도움이 되겠는가? 경의 병통은 항상 좋은 것 나쁜 것을 가

정조어찰, 경기도박물관 소장 | 심환지에게 모서리를 드러내어 정국을 강력하게 주도하라고 지시한 어찰이다. 당시 사대부에 대한 정조의 불만이 담겨 있다.

리지 못하는 데 있다"고 질책하며 중용의 태도를 지양하고 각을 세우라고 주문했다.

심환지 본인에게는 용기를 갖고 정국을 주도할 것을 더 강하게 요구했다. 정조는 한 편지에서 "이후로는 '용勇' 자 공부에 더 유의하는 것이 어떠한가? 도리어 껄껄 웃을 일은 지금 경의 꼴이 참으로 이른바 '장杖 80대'에 해당한다는 점이다. 경이 전혀 맹렬하지 않아 나도 경을 지주로 삼지 못하니 어찌 답답하지 않겠는가? 소심한 것은 소심한 것이지만 사나운 기세는 사나운 기세이니만큼 일을 하는 데 도리어 머뭇거리고 두려워한다면 서북西北 모퉁이 사람으로부터 비웃음을 당하지 않겠는가?"(146)라고 하여 추진력 강하게 나가지 못하는 심환지를 질책하며 용맹하게 나서라고 했다.

정조는 또 심환지에게 "경은 점점 세상의 진부한 형식에 오염되어 모서리도 없고 까칠한 비늘도 없다. 남들이 보지 못하는 것을 보지 못할 뿐만 아니라 남들이 말하지 못하는 것을 말하지 못한다. 징계하고 성토할 일이 발생해도 조정 안팎을 따질 것 없이 오로지 엄하지 않을까 염려하니 이 또한 사류士類의 기풍이라 할 것인가?"[41]라고 했다.

1798년 4월 5일 어름에 발생한 사건을 처리할 때도 비슷한 태도를 보였다. 『승정원일기』를 보면, 이날 황해도 관찰사 이의준李義駿이 상소하여 규장각이 황해도 일대에서 지역간 곡물가 차이를 이용하여 이익을 챙기려 한 일을 문제 삼았다. 정조는 그의 상소를 보고, 눈을 번쩍 뜨이게 한다고 호평하고, 그를 강직한 사람으로 인정했다. 그러면서 규장각 제학으로서 사직하려는 심환지에게 강한 사직의사를 피력하도록 요구했다. 다음날 보낸 편지에서 "전의감 시험을 감독하는 일은 패초牌招, 조선시대에 임금이 승지를 시켜 신하를 부르던 일하기를 기다리되, 계속해서 소명召命, 임금이 신하를 부르는 명령을 어기도록 하라"(302)고 지시했다. 실제로 심환지는 전의감典醫監 제조提調의 직책을 겸했기 때문에 잡과雜科, 기술관을 뽑던 과거 복시覆試, 과거에서 초시에 합격한 사람이 이차로 보는 시험에 임석해야 했으나 병을 핑계로 불참했으며, 이후 네 차례에 걸쳐 불렀으나 나아가지 않았다.[42] 강경한 태도를 지시한 정조의 명령을 그대로 따라 의리를 강하게 지키고 결연한 태도를 보였다.

뒤이어 정조의 명에 부응하여 심환지는 "말을 격하게 한 것은 무너진 풍속을 깨우치고 쇠약한 기운을 진작시키므로 이의준이 한 말이 오늘날 사대부에게 정문일침頂門一鍼이 될 수 있습니다. 신이 감히 성인의 조정을 위해 한번 경하드리지 않을 수 있겠습니까"[43]라고 상소를 올리려 했다. 이의준의 상소는 규장각의 비리를 들춰낸 강직함을 보였고, 심환지의 사임은 사태에 책임을 지려는 결연한 의지를 보였다. 이러한 강한 일 처리는 모두 정조의 의중과 연결되어 있다.

한편, 심환지는 이 상소문을 쓰기만 하고 제출하지 않았다. 그런데 정조는 올리지도 않은 상소의 내용을 누군가로부터 접하고 "어제 올리지 않은 상소에, '성상의 조정을 위해 경하드립니다'라는 말이 있다고 하던데, 과연 그러한가? 다른 사람을 만나거든 반드시 이렇게 말하는 것이 어떠한가?"(303)라고 지시했다. 조정에 강직한 기풍을 세우려는 의도를 거듭 피력한 셈이다.

감동과 유쾌한 정치

정조는 막강한 권력을 가졌으면서도 신료들의 마음을 사로잡기 위해 노력했는데 편지가 유용한 도구로 이용되었다. 대신에게 보낸 편지는 정치적 문건임이 분명하지만 한편으로는 신료의 환심을 사고, 그들의 감동을 이끌어내는 정서적 도구로 쓰였다. 이 점은 예외적 측면이라기보다는 어찰의 주요한 기능 중 하나이다. 정조는 어찰에서 신료의 건강과 가족의 안부를 극진히 챙겼다. 약을 보내고 음식을 나눠주었다. 심환지에게도 마찬가지였는데 다음 편지는 정조의 그런 태도를 잘 보여준다.

소식이 갑자기 끊겼는데 경은 그동안 자고 있었는가? 술에 취해 있었는가? 아니면 어디로 갔었기에 나를 까맣게 잊어버렸는가? 혹시 소식을 전하고 싶지 않아 그런 것인가? 나는 소식이 없어 아쉬웠다. 이렇게 사람을 보내 모과를 보내니 아름다운 옥으로 되돌려 받을 수 있겠는가?[44]

거의 열사흘 정도 편지 왕래가 없자 이러한 서정적 편지를 보냈다. 50

세를 바라보는 국왕이 70세가 된 정승에게 보낸 편지라고 보기 어려울 만큼 다정다감하다. 이렇게 정치적 내용을 담지 않고 신료를 친족처럼 다정하게 포용하는 편지가 제법 많다. 심환지 외에 다른 신하에게 보낸 편지도 꽤 찾아볼 수 있다. 채제공에게 보낸 어찰 역시 그러하다.

> 원임제학 채에게
>
> 상림원上林苑, 창덕궁 요금문 밖에 있는 궁원에서 수확한 쌀 네 말.
>
> 경기도 농민이 수확을 못 해 곡물값이 금값이라, 황량한 교외에서 지내기가 궁핍하리라. 유독 이 금원禁苑의 벼는 큰 풍작이니, 이에 몇 말 보낸다. 사소한 것이라 부끄러우나 기념하는 뜻을 생각해주지 않으려는가?[45]

채제공이 실각하여 집에 머물던 해에 큰 흉년이 들었다. 그해 8월 그믐날 정조는 창덕궁 후원에서 농사를 지어 수확한 쌀 네 말을, 규장각 아전을 시켜 채제공에게 보내주었다. 어찰까지 함께 보냈다. 채제공은 쌀 네 말과 어찰을 받고 쏟아지는 눈물을 거두지 못했다고 말하고, 어원御苑의 향기로운 벼를 보내준 은혜에 감격하여 보답할 도리를 다짐했다. 그 자초지종을 「사조기賜租記」란 글로 썼다. 물건만 보낸 것이 아니라 이 짧은 어찰까지 함께 보냈기 때문에 정조의 배려는 더 가슴 뭉클한 것이 되었다. 정조는 신료의 마음을 사로잡는 방법을 잘 알았다.

다음은 1798년 섣달 열흘, 숙직하는 병조판서에게 세찬歲饌, 설에 차리는 음식을 하사할 때 보낸 어찰이다. 국립도서관에 소장된 『어찰등초御札謄抄』 마지막 장에 실려 있다.

숙직하는 긴긴 밤을 종알종알 떠드는 자들과 맞대고 있을 테니 기분 돋울 일이 뭐가 있겠는가? 민요에 "소녀들이 별을 세며, 별 하나 나 하나!"라고 하던데 이 세찬을 앞에 놓고 병조판서가 한 해를 보낸다면, 나와 함께하는 것이므로 민요에서 말한 것과 정말 똑같으리라. 이만 줄인다.[46]

이 어찰 역시 위에 보인 어찰과 성격이 같다. 하사품과 함께 보낸 가벼운 필치의 편지로서 빼어난 기품과 운치가 약동한다. 정취 있는 민요까지 살짝 끌어들여 임금도 세찬 하나, 병조판서도 세찬 하나를 놓고 서로 교감을 깊이 느끼도록 만들었다. 정조의 다정다감한 배려와 문학적 수사가 탁월하다. 국왕으로서는 작은 선물이겠으나 거기에 마음을 담은 어찰이 함께함으로써 받는 사람이 절로 지기知己를 향해 충성을 다짐하게 만들었다.
이러한 어찰이 신하에게 끼치는 영향은 대단했다. 정조로부터 이와 같은 어찰을 받은 서형수는 그 느낌을 이렇게 표현했다.

신하의 기운을 북돋워주시며, '어디를 가든 제대로 하지 않음이 없도록 하라'는 성인의 가르침을 권유하신 말씀에 이르면, 자애로운 아버지가 어린 아들을 돌보는 것도, 엄한 스승이 제자를 이끄는 것도 이보다 더할 수는 없다. 오호라! 인생은 유유悠悠하고 한 백 년은 아침저녁 사이이지만 억겁토록 잠시도 잊을 수 없는 것은 지기에 대한 감동, 이것일 뿐이다.[47]

서형수는 정조의 어찰을 받은 뒤의 감동을 이렇게 표현했다. 어찰은 아버지가 어린 아들을 돌보는 것보다도 스승이 제자를 이끄는 것보다도 더 큰 은혜를 느끼게 만들었다고 고백했다. 신하된 자의 입장에서는 과장으로 치부할 수 없는 마력을, 정조의 어찰은 지니고 있었던 것이다. 그만큼 큰 흡인력을 지닌 수단으로 정조는 어찰을 활용했다.

어찰이 정치문건이자 비밀편지임에도 불구하고 이렇게 감동을 주는 이유는, 심각하고 무거운 정치적 현안을 주된 내용으로 하면서도 어찰 전체를 심각하게 몰아가지 않았다는 점에 있다. 아주 많은 편지가 의문을 나타내는 '야耶' 자를 흔하게 사용했다는 점이 큰 특징인데 이것은 명령하거나 지시하는 어투가 아니라 상대의 의견을 묻는 어투이다. 수신자의 처지에서 경쾌하여 부담스럽지 않다. 물론 의문형의 문장이라도 받는 신하 입장에서는 천근만근 나가는 무게를 갖는 어명으로 받아들였을 것이다.

이와 함께 어찰은 농담과 속담을 자주 구사했다. 특히, '껄껄〔呵呵〕'처럼 친근하고 가벼운 표현을 흔히 사용했다. 상대를 앞에 두고 말하듯이 표현하여 자신감을 나타내고, 또 너무 심각하게 생각하지 말 것을 당부함으로써 사무적이고 딱딱한 대화를 부드럽게 만들었다. 이러한 가벼운 어투가 곳곳에 있기에 정조의 비밀편지는 인간적이고 유쾌한 정치의 수단이 될 수 있었다.

정조의 새해 편지

연말이 되어 묵은 해를 보내고 새해를 맞이하는 것을 기념하여 보낸 편지이다. 현재의 연하엽서와도 같은 의미를 지녔다. 편지 내용은 조정에 채제공과 심환지를 비롯하여 나이 70세를 넘겨 장수하는 대신들이 많아 축하할 일이라고 말하고, 흔하지 않은 이러한 광경을 국왕으로서 마음으로 축하한다고 했다. 일반적인 어찰과는 다르게 정조 자신을 표현하는 만천명월주인옹萬川明月主人翁이란 아호雅號를 직접 쓰고 도장까지 두 개나 찍어 그와 같은 기념하는 마음을 전하고자 했다.

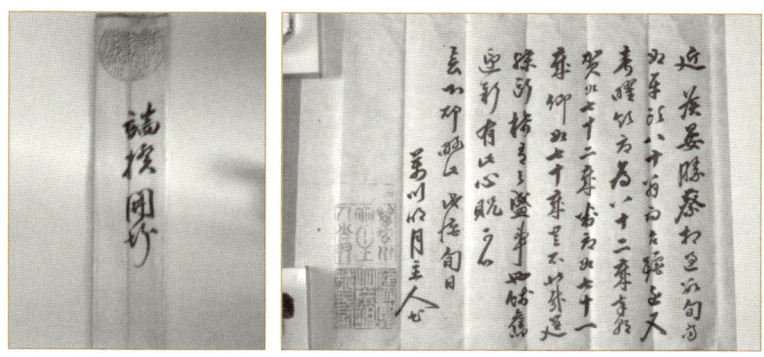

정조가 1798년 12월 10일 우의정 심환지에게 보낸 편지와 겉봉투, 심환지 후손가 소장

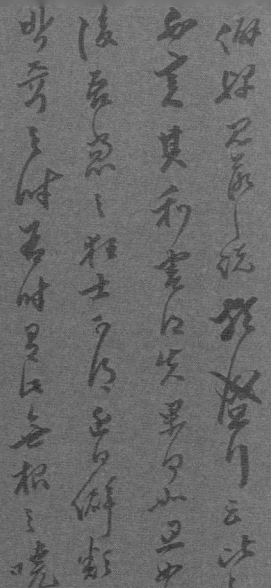

5

『어찰첩』에
드러난
정조의
인간적 면모

근래 날뛰는 모습이 처음에는 어이가 없어 웃다가 중간에는 남몰래 탄식했으며, 이어서 팔뚝을 걷어붙이고 눈알을 부라렸다. 이른바 김매순이란 입에서 젖비린내 나고 미처 사람 꼴을 갖추지 못한 놈과 김이영金履永처럼 경박하고 어지러워 동서도 분간 못 하는 놈이 편지와 발문으로 감히 선배들의 의론에 주둥아리를 놀린다. 정말 망령된 일이라.

없애리라 예상한 비밀편지이므로 『어찰첩』은 공식문서나 공식적 생활을 기록한 역사책에 나타난 제왕의 모습과는 확연히 다른 정조의 인간적 풍모를 엿보게 한다. 일기와 달리 편지는 사생활의 공표가 제한적으로 이루어진다. 또 나이 많은 대신이자 한 정치집단의 지도자에게 보내는 편지이므로 제한성을 지니기 쉽다. 그럼에도 불구하고 일련의 편지는 그동안 미처 보지 못했던 정조라는 인간을 새롭게 이해할 단서를 제공한다.

사생활

　심환지에게 보내는 편지가 일반 편지와 성격이 다르기는 하지만 편지 일반의 특징을 모두 벗어던진 것은 아니다. 다시 말하면, 상대의 안부를 묻고 자신의 근황을 전하는 기본을 충실하게 지켰다. 발신자 특유의 목소리를 담아내는 특징도 공유한다. 더욱이 정조는 일 중독증에 걸렸다고 할 만큼 늘 정무에 바빴다. 편지를 쓰는 데 시간을 많이 할애할 수 없는 처지였고, 심지어 연락인이 밖에서 기다리는 상황에서 서둘러 쓸 때가 적지 않았다. 그만큼 시간적 여유가 없는 상태에서 썼기 때문에 대체로 아정雅正한 한문 투보다는 거친 한글 번역 투의 문장이 많다. 그런 연유로 해서 직설적인 문장이 많다. 자신의 속내와 말투를 숨기고 제거할 여유가 없이 하려고 한 말을 그대로 내뱉기 쉬웠던 것이다. 정치적 현안을 다룬 편지임에도 그의 사생활과 인간적 면모가 나타나는 이유가 여기에 있다.

정조가 편지에서 밝힌 일상생활 가운데 가장 두드러진 점은 눈코 뜰 새 없이 바쁜 생활이었다. 스스로도 "나는 바빠서 눈코 뜰 새 없으니 괴롭고 괴로운 일이라"[48]고 토로했다. "눈코 뜰 새 없다〔眼鼻莫開〕"는 우리말 표현을 그대로 사용한 것이 흥미롭다. 알현을 받느라 바빠서 편지를 바로 보내지 못한다고 말하곤 했다. 특히, 자주 등장하는 것이 바쁜 일과 때문에 밥도 먹지 못하고 잠도 자지 못하는 처지이다. "나는 조금 나아졌고 앞으로 더욱 나아질 것이다. 백성이 마음에 걸리고 조정이 염려되어 밤마다 침상을 맴도느라 날마다 늙고 지쳐간다"[49]고 했고, 사흘 동안 눈도 붙이지 못했음을 말한 편지에서는 "편지를 받고 위안이 되었다. 사흘 동안 눈을 붙이지 못했는데, 지금까지도 그대로 일하느라 피곤하지만 요행히 몸져눕는 것만은 면했다"[50]고 밝혔다. 또 "나는 일을 보느라 바빠 틈을 잠깐도 내기가 어렵다. 닭 우는 소리를 들으며 잠들었다가 오시午時, 오전 열한시부터 오후 한시 사이가 지나서야 비로소 밥을 먹었으니, 지쳐 둔해진 정력이 날이 갈수록 소모될 뿐이라"[51]며 밤잠을 자지 못하고 새벽까지 공무를 처리하느라 힘겨워하는 처지를 토로했다.

정조는 성실한 제왕이었다. 워커홀릭이라고 할 만큼 바쁜 일상을 보냈다. 많은 업무를 남에게 맡기지 않고 스스로 처리한, 일 중독증의 장면을 국왕 자신의 발언에서 그대로 노출시켰다. "나는 하는 일 없이 한가하게 빈둥거리며 시간을 보내지 못한다. 알현을 받거나 정무를 보는 여가에는 책을 읽고, 그러지 않으면 하다못해 활쏘기라도 할지언정 반드시 하는 일이 있다"[52]고 토로할 정도로 잠시도 시간을 허비하지 않는 모습을 보였다. 또 "이 때문에 애가 탄다. 수확하기 전까지는 하루도 걱정하지 않는 날이 없을 것이니, 임금 노릇하기 어려움이 이와 같단 말인가?"(508)라고 민생 문제 때문에 노심초사하며 임금 노릇하기 어려움을 한탄했다. 『정조실록』과 『홍재전서』보다도 국사를 걱정하는 마음이 훨씬 생생하게 나타난다. 이러한 발언이 심환지에게 보여주기 위한 의도적 수사였을 가능성도 배제할 수 없지만, 정조가 바쁜 일과를 보냈다는 진실성을 의심하기는 어렵다.

공무를 처리하기 위해 바쁜 일과를 보냈겠지만 편지에는 윤음*을 쓰거나 독서를 하기 위해 밤잠을 설치는 모습도 보인다. 정조는 1798년 11월 30일 「농사를 권하고 농서를 구하는 윤음勸農政求農書綸音」을 반포했다. 이 윤음에 따라 저 유명한 박제가의 『북학의北學議』와 박지원의 『과농소초課農小抄』가 제출되었다. 정조는 이 윤음을 신하에게 맡기지 않고 직접 썼다. 정조는 "나는 응접하느라 바쁜 중에도 사이사이 윤음을 짓느라고 며칠째 밤

---

* 윤음(綸音): 임금이 신하나 백성에게 내리는 말. 오늘날의 법령과 같은 위력을 지녔다.

을 새고 닭 울음을 듣는다. 괴롭구나!"[53]라고 이날 밤 보낸 편지에서 말했다. 그러면서 이 윤음을 읽고 "듣는 사람들이 반드시 옳다고 여길 것이라"[54]고 자신감과 기대를 표시했다. 윤음을 짓기 위해 밤잠을 설치는 군왕의 모습은 한편으로는 감동적이기까지 하다. 이러한 속내를 공식 역사기록에서 확인하기가 쉽지 않다.

한편, 흔하게 등장하는 내용의 하나가 책 읽기에 바쁜 모습이다. 겨울철에 특히 책을 읽느라 바쁘다고 말했다. 독서에 골몰하여 창밖의 일은 전혀 모르지만 "다만 잊지 못하고 마음속에 남아 있는 것은 백성의 일이라"고 하면서, 그 때문에 편지도 다른 사람의 손을 빌려 쓰거나 아예 소식을 전하지 못한다고 했다.[55] 〈540〉에서는 『춘추春秋』는 인명이 잡다하게 나와 이해하기 어렵고, 그 때문에 이리저리 튀는 벼룩처럼 잡으려 해도 잡지 못하겠다고 농담하듯이 말했다.[56] 그 가운데 『주서朱書』를 읽는 중임을 밝힌 편지를 본다.[57]

아직도 한창 비가 내리니 두루 적셔주기를 기대한다. 며칠 밤 사이 계속 잘 지냈는가? 나는 눈이 어두워져 마치 베를 씌운 것처럼 안화眼花가 생기는 바람에 책을 보는 것은 감히 엄두를 내지 못한다. 대개 주서朱書는 100권 가까이 되는데, 밤낮으로 비점*과 권점**을 찍는데다 가뭄 걱정까지 겹

---

* 비점(批點): 시가나 문장 따위를 비평하여 아주 잘된 곳에 찍는 점.
** 권점(圈點): 글이 잘된 곳 또는 중요한 곳을 표시하기 위해 찍는 둥근 점.

치고, 또 재계齋戒하는 중에 온갖 문서를 보느라 심혈이 모두 메마른 결과이다. 고민스럽고 안타까운 일이다!⁵⁸

주자의 저서 100권을 앞에 놓고 밤낮으로 비점과 권점을 찍으며 읽는 모습이 눈에 선하다. 정조는 만년에 거의 장님에 가까울 정도로 눈이 좋지 않아 돋보기를 끼고도 책을 보기 어려웠다. 그럼에도 온갖 문서를 처리하면서 독서에 열중했다. 정조 자신은 그 때문에 심혈心血이 메말라 눈이 어두워졌다고 판단했다. 이렇게 편지는 정조의 사생활과 그에 대한 소회를 솔직하게 드러낸다.

정조의 태양증 성격

『어찰첩』에 보이는 정조의 성격은 다혈질적이고, 흥분을 잘하며, 조급하다. 정조는 이러한 자신의 성격을 태양증太陽症이라고 자체적으로 분석했다. 그 때문에 화병도 자주 나고 가슴의 심한 통증도 발생한다고 진단했다. 신하들에게도 그 점을 고백하여 심환지에게 "나는 태양증이 있어 부딪치면 바로 폭발한다"고 토로했고,⁵⁹ 김조순에게는 남들의 옳지 못한 짓을 보면 바로 화가 치밀어 얼굴과 말에 나타나며, 아무리 억누르려고 애를 써도 태양증 기질을 고치기 어렵다고 고백했다.⁶⁰ 그렇다고 자신의 성격을 비난하지만은 않았다. 주자朱子가 실은 태양증이 있어서 영웅의 사업을 수행할 수 있었다고 『일득록日得錄』에서 밝혔다. 결함은 결함이지만 영웅의 사업을 위해서는 태양증이 필요하다는 생각이었다.

이러한 성격 때문에 고관을 비롯한 학자를 직설적으로 질타하여 거친 말을 퍼붓기도 했다. 여러 사례가 있으나 측근 대신인 서용보徐龍輔를 호로자식이라고 표현하고, 젊은 학자인 김매순金邁淳을 '입에서 젖비린내 나고 미처 사람 꼴을 갖추지 못한 놈'으로, 김이영金履永을 '경박하고 어지러워 동서도 분간 못 하는 놈'으로 욕했다. 또 어용겸의 자제들을 '그 집 젊은 것들은 모두 개돼지보다도 못한 물건이라'고 쏘아붙였다. 248번 편지에서는 "어제 개성유수黃昇源의 처리는 이놈의 혈기가 끓어올라 막지 못했다. 그 뒤 생각해보니 말과 기운을 너무 허비했음을 느끼겠다. 껄껄!"이라 했는데 여기서도 참지 못하고 화를 내는 급한 성미를 보여준다. 특이하게도 국왕이 자신을 "이놈〔此漢〕"이라고 표현했다. 정조는 어찰에서 몇 차례 이 표현을 썼다. 물론 이러한 표현은 『실록』을 비롯한 공식 역사기록에서는 찾기가 어렵고, 신하들과의 대화와 비밀편지에서나 가능하다.

태양증 환자 정조의 성격은 현실정치에서 여러 번 신하들과 부딪쳤다. 그 가운데 『어찰첩』에서 열 번 정도 거론된 이명연李明淵 상소가 대표적인 사례이다. 이 사건은 정조의 성격과 기질을 상징적으로 보여준다. 이전에도 여러 차례 정조를 향해 직설적인 비판을 가했던 이명연은, 1797년 1월 17일에 정조의 병세를 염려하며 올린 상소에서 정조의 정무 처리방식과 성격의 문제를 호되게 비판했다. 사건의 발단은 지난해 12월 27일 정조가 숙장문肅章門에 거둥하여 『명의록明義錄』의 의리 문제를 거론한 병조판서 정호인鄭好仁과 이조참의 성덕우成德雨를 직접 국문한 일이었다. "지난여름 이래 신하들의 말과 행위가 더러 성상의 마음에 들지 않으면 말씀에 간중簡重함이 결여되고, 처분이 엄하고 급하다"고 비판했다. 또 "단지 격한 번뇌로 인하여 항상 건강을 해치시니 성명聖明, 임금의 밝은 지혜를 이르는 말께서 어떻게 이리할 수 있습니까?"라며 화기가 치밀어 오르는 정조의 병은 국왕 자신의 성격에 기인한다고 지적하고 마음을 다스리라고 요구했다. 실제로 그날 국문장에서 정조는 행동이 다소 급하고 말을 거칠게 쏟아냈다.

국왕의 성격과 국정 처리방식을 대놓고 비판한 이 상소는 수많은 신료들로부터 성토를 당했다. 심환지도 이명연의 처벌을 요구했으나 정조는 그를 오히려 두둔했다. 그가 지적한 문제점을 자신이 갖고 있다는 이유 때문이었다. 학구적 군주로 구축된 이미지와 딴판으로 격정적인 성미를 그 스스로 인정했다. 비밀편지에서는 그런 성격과 말투가 더욱 숨김없이 직설적으로 표현되었다.

거친 의사표현

정조는 학구적인 인간으로 군사君師를 자처한 선비 스타일의 군주로 알려졌다. 그러나 뜻밖에도 『어찰첩』으로 본 정조는 흥분을 잘하고 거친 언사를 스스럼없이 내뱉는다. 상식을 뛰어넘는 그의 행동과 발언에 사람들은 당혹스럽다. 하지만 『실록』에는 정조의 그런 모습이 꽤 많이 등장한다. 『어찰첩』이 나오기 이전에는 그런 모습을 애써 외면했을 뿐이다. 고관을 비롯하여 후대에 명성이 자자한 학자들이 정조의 입에서는 질타와 욕설의 대상으로 바뀐다. "황인기黃仁紀와 김이수金履秀가 정말 어떤 놈들이기에 감히 주둥아리를 놀리는가!"[61]라든지 "김관주金觀柱를 동벽東壁, 홍문관 응교에 통망通望, 벼슬 후보로 추천함할 때 딴말을 하는 자가 없다가 정삼품으로 품계를 올리려고 할 때는 갑자기 무슨 다툴 거리가 있다고 이조참의 정상우鄭尙愚가 죽어도 거행하지 않으려 하니 분통 터질 일이라"[62]는 예처럼 흥분하고 화를 잘 낸다. 측근으로 보필한 서용보에 대해서도 "이 사람은 그저 염량세태만 볼 뿐이다. 참으로 호로자식이라 하겠으니, 안타까운 일이다. 근래의 하는 꼴은 점점 본색을 가리지 못하니 어찌겠는가?"[63]라며 중신을 향한 불만을 아주 거칠게 표현했다.

그는 곧잘 국정 전반에 불만을 토로했다. "나는 시사가 눈에 들어오지 않는다. 일마다 그저 마음속에 불길을 치솟게 만들 뿐이다. 불은 심장에 속하니, 여기에 따라 안화眼花가 나을 기미가 없어 너무 안타깝다"고 했다. 정치가 되어가는 꼴에 화가 나고 그 때문에 마음속에 불길이 치솟는다고 하면서 눈이 어지러운 증상의 원인을 거기로 돌렸다. 정승판서를 원색적으로 비난하여 "대저 심히 통탄스러운 것은 이조판서이다. 앞뒤가 각기 다르고 말과 행동이 맞지 않으니, 이러고서 세도와 인심을 언제 안정시키겠는가? 우의정이 하는 꼴은 마치 이조판서가 서용보의 의붓자식 노릇을 하는 것과 같다. 속마음이 진면목으로 바뀐 것인지 모르겠다"고 말했다.[64]

정조는 때로는 정치적 사안에 흥분한 심경을 그대로 편지에 드러냈다. 하나의 사례가 호론湖論의 영수인 한원진韓元震을 이조판서에 추증追贈하고 시호를 내리는 예법을 거행할 때 벌어졌다.[65] 1799년 10월 13일 김운주金雲柱 등 635명의 선비가 상소하여 한원진의 추증을 요구했다. 김운주는 한원진의 업적을 부각시키면서 "오래되면 될수록 더해가는 여러 학자의 잘못을 바로잡았다"고 하여 은연중 낙론洛論을 비판했다. 정조는 이 사안을 화제로 심환지와 열한 차례 정도 편지를 주고받았다.[66] 이달 15일 『정조실록』 기사에는 한원진에게 이조판서를 추증했다고 기록했다. 또 같은 날 외가쪽 고조부 윤선거尹宣擧와 증조부 윤증尹拯 둘에게 못 할 말이 없이 비난하고 모욕을 가한 한원진의 추증에 동의하지 못한다는 우의정 이시수李時秀의 반발을 기록했고, 좌의정 심환지가 한원진을 두둔하는 의견을 냈다고 썼다. 심환지가 한원진의 추증에 적극적이었던 것은 그가 본래 호론 편이었기 때문이다. 노론 벽파는 호론을 추종하여 낙론을 추종한 시파와 대립각을 세웠다.

한원진의 연보年譜를 비롯해 실록과 기타 공식 역사에서는 이때의 일에 대해 간단한 결과만을 제시할 뿐 자세한 과정이 보이지 않는다. 그러나 정조와 심환지 사이에 오간 편지를 보면, 당시에 호론과 낙론을 각기 지지하는 유생들이 한원진의 평가를 놓고 심각하게 갈등했음을 보여준다. 충청도 민심의 동향에 주의를 기울인 정조는 한원진을 비방한 낙론 쪽 일부 유생에 대해 격앙한 태도를 보이며 원색적인 비난을 가했다. 몹시 흥분한 정조는 22일 밤부터 밤새 여러 통의 편지를 써서 다음날 아침 심환지에게 보냈다.

정조는 비난의 화살을 김매순金邁淳, 1776~1840에게 돌렸다. 19세기 전반을 대표하는 성리학자이자 산문가인 김매순은 정조에 의해 초계문신*에 뽑혔는데, 24세 젊은 나이에 김운주의 상소를 전면적으로 비판하며 「김운주 상소문 뒤에 쓴다」⁶⁷란 글을 써서 낙론을 지지했다. 정조는 이 글을 읽고서 그를 "입에서 아직 젖비린내가 나는 놈이 감히 선현을 모욕하여 붓끝에 올리기까지 했다. 만일 그들이 제멋대로 날뛰게 내버려둔다면 조정에 어른이 있다고 하겠는가?"⁶⁸라고 개탄했다. 같은 날 다시 보낸 편지에서 "근래 날뛰는 모습이 처음에는 어이가 없어 웃다가 중간에는 남몰래 탄식했으며, 이어서 팔뚝을 걷어붙이고 눈알을 부라렸다. 이른바 김매순이란 입에서 젖비린내 나고 미처 사람 꼴을 갖추지 못한 놈과 김이영金履永처럼 경박하고 어지러워 동서도 분간 못 하는 놈이 편지와 발문으로 감히 선배들의 의론에 주둥아리를 놀린다. 정말 망령된 일이라"⁶⁹고 화를 냈다. 이

---

* 초계문신(抄啓文臣): 정조 때, 초계를 통해 뽑힌 당하관 문신. 초계는 정조 때 당하관 문신 가운데 인재를 뽑아 임금에게 보고하던 일로, 뽑힌 사람을 다시 교육한 뒤 시험을 보게 하여 그 성적에 따라 중용했다.

편지에 나오는 김이영은 김운주 등이 올린 상소문의 실제 작성자이다. 이 일로 분개한 정조는 따로 장편의 편지를 김매순에게 보내 낙론을 주장한 선조 김창흡金昌翕의 학술에 비판의 화살을 돌리기도 했다.[70]

세번째 편지에서는 "보내온 김달순과 서매수의 서찰은 웃음거리도 안 된다. 서매수는 오장에 숨이 반도 차지 않았고, 김달순은 도처에 동전 구린내를 풍겨서 사람들이 모두 코를 막는다. 이런 자들의 말이 세도에 영향을 미친다면 그 세도라는 것을 알 만하다"[71]고 비난했다. 세 통의 긴 편지는 이렇게 밤새 흥분하고 화를 내는 내용으로 이루어졌다.

다음날 "간밤에 잘 있었는가? 나는 요사이 놈들이 한 짓에 화가 나서 밤에 이 편지를 쓰느라 거의 오경五更, 새벽 세시에서 다섯시 사이이 지났다. 나의 성품도 별나다고 하겠으니 우스운 일이다. 보고 난 뒤에는 남들 눈에 띄지 않도록 하는 것이 어떠한가?"[72]라는 짧은 편지를 새벽같이 보냈다. 본인이 생각해도 흥분이 지나치고 상대에 대한 폄훼가 심하다고 판단한 듯하다.

한원진을 높이는 사안은 호락논쟁의 와중에 문제가 야기되었고, 심환지는 한원진이 추증받는 데 일익을 담당했다.[73] 추증을 둘러싼 갈등은 호락논쟁뿐만 아니라 이 시기 정국 동향과 관련하여 흥미로운 사안이다. 정조의 비밀편지는 그 동향의 추이를 밝히는 데 도움을 준다. 이 갈등에 등장한 김매순은 정조 당시부터 학문과 문학의 역량을 인정받아 신예 학자로 명성이 높았고, 19세기에는 유학과 문학의 종장宗匠으로 추앙받는 학자로 성장한 인물인데 정조로부터 이렇게 심한 욕설을 당했다. 그렇듯이 제아무리 높은 벼슬아치와 저명한 명사라도 정조의 입 앞에서 온전한 인간은 없다고 할 정도이다. 물론 공식적으로 발설한 욕이 아니라는 단서를 달아야 한다.

정조의 유머와 인정

『어찰첩』은 전체적으로 정치적 무게를 지닌 정보와 의견 들로 구성되었으나 그런 내용들만 보이는 것은 아니다. 정치행위가 늘 진지하고 엄숙한 것이 아니듯이 국왕과 대신의 편지 역시 가볍고 사소한 내용이 적지 않고, 때때로 익살과 유머가 등장한다. 정조는 사안의 무게를 덜기 위해 자주 "껄껄〔呵呵〕"이란 가볍게 웃는 의성어를 구사했다. 이 표현은 가벼운 편짓글에 자주 등장하는 굳어진 표현의 하나이다. 정조는 유달리 이러한 표현을 자주 썼다.

정치적 논의와 그리 관련이 없는, 단순한 안부와 한가로운 정담도 때때로 보인다. 1796년 11월 그믐날의 편지는 "부인은 쾌차했는가? 삼뿌리를 보내니 약으로 쓰도록 하라!"[74]는 짧은 내용이다. 심환지의 아내는 이 시기 지병으로 매우 고생한 듯 그가 아들에게 보낸 간찰첩에도 아내의 건강을 염려하는 내용이 매우 많다. 정조 역시 그 부인을 염려하는 마음을 여러 번 표현했다. 그렇듯이 상대를 배려하고 안부하는 일반 편지의 기능을 충실하게 보여준다.

음식을 나눠주며 "부채를 보낸다. 이 전복과 조청은 맛이 좋기에 경과 나누어 맛보고자 약간을 편지에 동봉한다"[75]와 "지금 같은 무더위는 50년 가까이 살면서 처음 본다. 요즘은 잘 지내는가? 나는 오늘 간소한 음식을 준비하여 정성껏 경축했다. 인편을 통해 찬합 하나를 나누어주노니, 받아서 맛보길 바란다"[76]와 같은 편지는 연로한 신하에게 음식을 선물하는 따뜻함을 보여준다. 이렇게 음식과 약제를 비롯한 각종 물품을 자주 선물했다.

공식 기록에서 찾아보기 힘든 인정과 여유를 보여주는 편지도 보인다. 1799년 10월 1일에 보낸 편지는 심환지의 아들을 과거시험에 붙이지 못해 아쉬워하며 심환지를 위로하는 내용으로만 채워졌다. 300명 안에만 들도록 답안을 냈으면 "경이 심하게 늙기 전에 자식이 과거에 합격하는 경사를 보도록 조처하려 했으나" 그리되지 못했다고 했다.[77] 사정을 봐서 대신의 자제를 등수와 상관없이 합격시키려는 시도가 있었다는 이야기다. 정조가 말한 아들은 곧 심능종沈能種, 1775~1827으로 그의 과거시험과 관련해서 정조는 여러 차례 배려하는 편지를 보냈다. 비밀편지이기에 이런 증거가 드러난다. 같은 해 4월 17일 유생의 전강* 결과를 기별하는 편지에도

* 전강(殿講): 조선 성종 때부터 경서의 강독을 권장하기 위해 실시하던 시험.

심환지의 귀띔에 따라 경경庚卿, 병조판서의 아들을 차석에 합격시키고서 "어제 들인 수고가 적지 않은데, 내가 경에게 무슨 빚을 졌다고 경의 일에 이렇게 힘을 쓴단 말인가? 우습고도 괴롭다"[78]고 했다.

또 농담과 익살을 섞어 표현한 것도 눈에 띈다.

그간 소식이 없었는데 요사이 몸은 어떠한가? 나는 팔뚝의 통증 때문에 매우 괴롭다. 낮에 앉아 있는 곳도, 밤에 누워 있는 곳도 모두 대청마루이 기 때문에 그렇다. 방이 좁은 소치이니 괴롭다 한들 어쩌겠는가? 참으로 '우산이 없는 집은 어떻게 견딜까?'라는 격이다.[79]

죽기 세 달 전 팔뚝의 통증으로 몹시 괴로워하면서 쓴 편지이다. 좁은 대청마루에서 고통스럽게 지내는 처지가 의문이기는 한데 그런 고통을 조선 초의 명재상 유관柳寬의 일화에 견주어 표현했다.[80] 장맛비가 한 달이 넘게 쏟아져서 지붕이 줄줄 새자 유관이 정승인 처지에 직접 우산을 받치 고서 빗물을 받았다. 그러고는 옆에 있는 부인을 보면서 "우산이 없는 집 은 이 비를 어떻게 견딜까?"라고 말하자 부인이 "우산이 없는 집은 다른 대 책이 있을 겁니다"라고 답했다. 서거정徐居正의 『필원잡기筆苑雜記』에 등장 하는 유관의 사연은 한편으로는 너그러운 정승의 심성과 한편으로는 세상 물정 모르는 재상의 바보스러움을 표현하는 유머로 널리 알려진 사연이다. 또 "천하에 가소로운 일은 홍귀달洪貴達이 문장을 잘한다는 말이라"는 고

사에 빗대어 호조판서 조진관趙鎭寬을 비꼰 내용도 있다.[81] 1798년 7월 20일 정조는 외사촌인 홍수영이 죽었다는 소식을 듣고 부의賻儀를 내리려 했는데 조진관은 그가 음관 출신이라는 이유로 반대하였다. 그래서 정조는 화를 내고 김시습金時習이 홍귀달을 비꼰 말을 가져다 조진관을 비꼬았다.

1799년 초 전국적인 전염병으로 12만 명 이상이 죽었을 때 김종수와 채제공을 비롯한 명재상이 한꺼번에 죽었다. 정조는 채제공의 극렬한 정적인 심환지에게 "채상蔡相 집에는 조문하러 가지 않으면 안 된다. 생전에 한 자리에 앉아 담소를 나눈 사람에게 죽고 나서 조문 한번 하지 않는다면 결코 인정이 아니다. 더구나 조정의 체통도 이러해야 할 것이라"[82]고 하여 조문을 명령했다. 김종수가 죽어 두호斗湖, 경기도 양평의 정약용 생가가 있는 마재 일대의 이칭로 영구를 옮길 때 한 사람도 와서 보는 이가 없었다. 아마 전염병을 염려한 때문일 텐데 그 소식을 접한 정조는 "이른바 선비라는 것들의 꼴이 어째서 이 지경에 이르렀는가? 나도 모르게 팔뚝을 걷어붙이고 분개한다"[83]며 분노를 감추지 않았다. 정조의 성품과 의리, 도덕적 우위를 이러한 지시에서 찾아볼 수 있다.

이명연과 그의 상소

1796년 12월 27일 정조는 대궐문에 직접 나와 병조판서 정호인鄭好仁과 이조참의 성덕우成德雨를 직접 국문했다. 이들은 사도세자와 정조 등극 전후의 문제를 거론한 상소를 올려 정조의 심기를 건드렸다. 정조는 이 상소에 몹시 화를 내고 이들을 직접 문초해 호되게 꾸짖었다. 그리고 이들을 파직하고 유배를 보내는 하교를 내렸다. 그런데 사헌부 집의執義로 재직한 이명연이 1월 17일에 그 같은 정무처리가 지나치게 과도하다고 비판하고, 이는 급한 성격 때문이라고 정조의 성격을 느닷없이 비판했다. 나아가 정조의 잦은 병이 그러한 성격 때문이라고까지 심하게 발언하였다.

그의 상소는 다소 감정적이고 엉뚱한 점이 있었다. 더욱이 정조를 직접적으로 비판했기에 많은 신료들로부터 강한 처벌을 요구받았다. 그러나 정조는 그의 상소가 자신에게 약이 될 수도 있다고 말하고 관대하게 처리하였다. 그를 처분하는 문제는 1797년 상반기에 중요한 이슈의 하나로 대두했다.

이명연은 거리낌없이 과감하게 상소하는 사람이었으나 상황을 무시하고 지나치게 과감했기에 조정 신료들에게 크게 인정받지 못했다. 정조는 그를 너그러이 용서하여 홍문관弘文館 수찬修撰에 임명했으나 그가 거절하였다. 그 뒤 정조는 그를 홍원현감洪原縣監에 임명했다. 이후 그는 함경도 덕원, 북청, 영흥 현감으로 5년간 재직하다가 돌아와 46세로 죽었다.

정조어찰과 호락논쟁

정조의 비밀편지에는 정치이념과 관련한 호락논쟁이 중요한 이슈의 하나로 등장한다. 정조 때에는 각기 낙론洛論과 호론湖論을 지지하는 학자와 정치인 들 사이에 큰 논쟁이 발생했는데 철학적 논쟁의 차원을 벗어나 기호학파畿湖學派의 기득권 다툼과 정치적 갈등의 대리전 양상을 띠었다.

낙론은 서울과 경기에 거주하는 김창협, 김창흡 계열의 학자들이 주축을 이루었고 호론은 충청 지역에 거주하는 한원진, 윤봉구 계열의 학자들이 주축을 이루었다. 두 학파의 철학적 차이는 정조시대에 시파와 벽파의 정치적 파벌과 긴밀하게 연결되었다. 대체로 시파는 낙론, 벽파는 호론에 기울었다. 호락논쟁은 인간과 사물의 본성에 차이가 있는가 없는가를 따지는 인물성동이론人物性同異論을 근간으로 큰 논쟁을 벌였다.

낙론은 인간과 사물의 본성이 같다고 하여 물성物性과 범인凡人의 존재가치를 인정했고, 그에 따라 포용적, 타협적 주장을 전개했다. 자연스럽게 남인 소론, 소북小北의 인사들과 타협하면서 탕평정치에 적극적이었고 청나라의 존재도 긍정하는, 타협적인 온건파 시파의 정치사상으로 연결되었다.

인간과 사물의 차이를 몹시 강조한 호론은 중화와 오랑캐, 인간과 짐승, 성인과 범인, 군자와 소인을 엄격히 구분하였다. 이는 자연스럽게 수직적 신분관으로 기울었으며 노론만이 군자당이라는 노론일당정치론과 같은 배타적이고 비타협적인 주장으로 발전했다. 그 같은 태도는 원칙론을 고수한 노론 벽파의 정치사상으로 연결되었다.

노론 시파를 대표하는 안동 김씨 학맥은 낙론의 성립과 발달에 깊게 관련되었고, 김원행

이 사상적 종주 노릇을 했다. 여기에 홍봉한 계열이 가세했다. 반면에 정순왕후 집안인 경주 김씨 김한록, 김구주와 김종수, 심환지 등 노론 벽파는 호론에 기울었다. 호론의 한원진을 추증해달라고 상소한 김운주는 한원진의 수제자를 자처한 김한록의 집안으로 보인다. 심환지가 한원진의 추증을 앞장서 도운 이유는 당파적 입장에 충실한 행위였다.

김매순은 안동 김씨의 핵심적 이론가로서, 그런 그가 김운주의 상소에 반발한 것은 당연한 귀결이다. 김운주는 상소에서 낙론을 이단으로 비판하고 호론의 영수인 한원진을 추증하고자 했기 때문이다. 정조는 본래 호락논쟁에 가담하지 않으려 했다. 국왕의 태도 표명은 그 자체가 큰 정치적 불씨를 내포하기 때문이다. 기본적으로 정조의 사상적 입장은 낙론에 가까웠다. 다만 1799년에 정조가 김매순에게 불같이 화를 낸 데는 또다른 정치적 이유가 있다. 정조는 김매순을 매도하고 김창흡의 학술을 비판함으로써 낙론에 기운 자신의 태도를 감추고 호론과 형평성을 유지하려 했던 것이다. 정조가 시파와 벽파가 갈등하는 와중에 벽파를 존중하는 태도를 보인 것은 호론의 한원진을 추증하고 낙론의 김매순을 비판한 것과 동일한 정치적 맥락이다. 한편, 정조는 편지에서 김매순을 매도한 이후 직접 그를 호되게 꾸짖는 내용의 글을 하사하였다.

편지의
문장과 언어

정조는 자유로운 필치로 간단하게 적은 글인 소품문小品文을 배격하고 올바른 문체의 창작을 유도하고자 문체
반정文體反正을 정책적으로 추진했다. 그런데 비밀편지에서는 오히려 자신의 정책노선과 거꾸로 가는 경향을 따
랐다. 이러한 표현의 특징은 그 시대 소품문 창작자들이 즐겨 쓰던 문체였고, 정조는 이들의 문체를 비판해왔다.
그럼에도 그의 비밀편지에서는 그가 비판하던 문체가 사용되었다.

毫芒摸扂浑像家ま天ま通要因法石风
救亲筆需唐老真爛並句连此属授亲扳协
穀构京渍み事其为窟势老云郊姿自郊
营贼作自贼作み味妻而事以涯舌罘泻
自於味一兆浮上求沈人竹站路与像掃尚
自於向三洁像龙当敦力多为郊贸逶乡物
妙云与法功三浮面奇乡朱年为剑亲三節

정조어찰은 형식과 문체, 내용에서 독특한 개성을 발산한다. 국왕과 신하 사이에 편지를 매개로 오가는 의사소통 구조를 이보다 더 풍부하게 드러내 보이는 사료가 없다. 매우 유려한 한문으로 의사를 표시하기도 하지만 이두문자를 구사하면서 거의 우리 문장을 한자로 바꿔놓은 수준의 글까지 다양하다. 급하게 쓰느라고 미처 문체를 돌볼 겨를이 없는 정황을 보이는 편지도 적지 않다. 어휘의 구사에서도 전아한 말에서부터 아주 속된 표현까지 다양하게 구사했다. 욕설에 가까울 정도의 비속한 표현도 등장한다.

또한 어찰은 무미건조하거나 딱딱한 정보와 의견을 기록한 문서에 그치지 않는다. 예외가 없지는 않으나 아주 정제된 문장을 구사했다. 정조는 높은 수준의 글솜씨를 자랑하는데 특별히 편지에서 솜씨를 잘 발휘했다. 말하고자 하는 내용을 정확하고 조리 있게 표현하는 능력은 결코 쉽게 도달할 수준이 아닌데 정조는 국왕으로서 유례가 드물게 탁월하다. 문학적으로도 우수하여 작품성이 뛰어난 편지가 곧잘 눈에 띈다. 그렇기 때문에 정조어찰은 정치사 사료로서 비중이 매우 높은 동시에 문학과 서예, 궁정문화와 생활사 같은 다양한 측면에서도 조명할 가치가 충분하다.

정조어찰의 문체

편지는 단순히 정보나 사연만을 전달하는 기능에 그치지 않고, 오랜 기간 산문예술로서 발전해왔다.[84] 정조 당대만 해도 박지원朴趾源과 이덕무李德懋를 비롯한 많은 문인들의 간찰은 정보와 사연의 매개물 차원을 넘어 수준 높은 산문예술로 승화되었다. 그렇다면 수신자와 발신자가 긴밀하게 교착되어 정보의 교환물 노릇을 한 『어찰첩』은 어떠한가?

조선시대 학자들 사이에서 학문을 토론하는 가장 긴요한 형식이 바로 편지였고, 그 경우 편지문체는 주로 주자朱子 서간문의 격식과 어투를 따랐다. 사대부를 포함한 일반인의 문안편지와 의견교환용 편지는 소동파蘇東坡와 황산곡黃山谷의 간찰 스타일을 널리 활용했다.

정조의 어찰은 사대부의 편짓글 문체를 따랐으나 흔한 상투적 투식은 그다지 사용하지 않았다. 정조는 주자의 서간문 투를 높이 평가하기는 했으나, 실제로는 따르지 않았다. 그의 편지는 대화하듯이 써서 다소 거칠어 보인다. 심혈을 기울여 멋을 부린 편지도 아니고, 그렇다고 문장을 고려하지 않고 마구 써내려간 초고도 아닌, 그 중간쯤 되는 문장이다.

정조가 문장을 제대로 구사할 능력이 부족해서 그런 것은 아니다. 그는 숱하게 많은 편지를 썼을 것이므로, 시간이 촉박해 서둘러 써야 하는 여건상 거칠게 썼다고 보는 것이 더 낫다. 감상용 편지와는 기능이 다른, 정제되지 않은 정보를 교환하는 특수한 목적의 편지이기 때문이다. 그 같은 조

건 때문에 간혹 1797년 11월 1일의 편지와 같은 경우가 보인다. 즉, "근래
의 일은 알 수 없는 점이 있다. 와전이 와전되고 가짜가 진짜로 되니 안타
깝고 안타깝다. 때문에 경을 이조판서에 제수했으니 다 생각이 있어서다
〔近來事有未可知, 以訛傳訛, 弄假成眞, 可悶可悶. 仍于卿之除吏判, 蓋有意焉〕"와 같은
문장이다. 이 문장의 원문을 확인해보면, 후반부에 쓰인 '仍于(지즐우·때
문에)'는 이두吏讀로서 문서를 쓰는 버릇대로 쓰다가 나타난 흔적이다. 또
"설치한 본뜻이 도리어 반대로 원망을 부르는 단서가 되었다〔設施之本意, 新
反反爲招怨之端〕"(114)에서 '신번新反'도 '도리어'라는 뜻을 지닌 이두이다.[85]
또 〈309〉 편지의 "부인의 병세를 알아보고자〔爲探室中加減節〕"에서 '節'은 '지
위'라는 뜻을 지닌 이두이다. 사대부의 편지에서는 보통 이러한 이두문자
를 사용하지 않는다. 격식을 갖추지 못하고 품위가 떨어지는 좋지 못한 글
이라는 인상을 단번에 주기 때문이다. 반면에 정조는 일부 어휘일망정 이
두를 구사했다. 이것은 매우 특별한 글쓰기 행위이다. 정조는 살인을 저지
른 중범죄자를 판결한 『심리록審理錄』의 판결문에서 이두문을 자주 구사했
다. 일반 사대부와 달리 정조는 문장에서 이두를 제법 많이 사용했다. 그
러한 글쓰기의 버릇이 비밀편지에도 적용되었다.

이렇게 말하듯이 편지를 써나가다보니 우리말을 직역한 듯한 편지 투도
제법 많다. 비교를 위해 편지 원문과 번역문을 함께 제시한다.

일간日間 잘 지냈는가? 나는 **차차次次** 나아지고 있다. 유생들의 통문通

편지의 문장과 언어

115

文, 집단이나 개인이 관계자에게 특정한 사안에 관해 통지하는 문서이 있다고 들은 듯한데, 소문대로 정말 이렇다면, 어찌 말이 되겠는가? **모쪼록** 탐문하여 금하는 것이 어떠한가? 결코 그대로 둠이 불가하니 **모쪼록** 만류하여 그만 두게 하는 것이 좋겠다. 이명연의 일은 그 출처를 알기 어렵지 않은데, 혹시 이미 알아내었는가? 유생들의 통문에 관한 일을 알리고자 연락책을 보낸다. 이만 줄인다. (115; 1797.1.19)

日間安勝耶. 此次次差可耳. 似聞有儒通, 所聞眞有是也, 豈成說耶. 某條探禁如何. 決不可任他, 某條挽止爲可. 明也事, 大抵不難知其出處, 或已撕得耶. 爲申儒通事走伻, 餘留姑此.

전체적으로 할 말만을 건조하고 간단하게 쓴 문장이다. 이 글에서 "나는 차차 나아지고 있다"는 글의 한문 원문은 그 표현이 거의 한글 투이다. 한문으로 보면 몹시 이상한 문장이다. 게다가 두 번이나 쓰인 '모조某條'는 아무개 조항이라는 의미가 아니라 우리말인 '모쪼록'의 이두식 표현이다. 이 표현은 아주 많이 쓰인다. 또 '일간'과 '차차'도 우리말 어투이다.

이 밖에 "좌우간 하나만을 가리켜 말하기는 어렵다〔左右看實難指一爲說〕"[86]의 '좌우간左右看'이나 "겸사겸사해서〔此兼彼兼〕"(202), "아무쪼록 흔적 없이 급히 불러와 상의하라〔某條無痕星火招來相議〕"(314)의 '흔적 없이〔無痕〕'가 자주 쓰인 표현이다. 이처럼 문장을 우리말 어순대로 써내려간 편지가 제법 많다. 정조의 편지가 모두 이러한 문장은 아니지만 전체적으로 보아 격식과 문식을 가한 흔적이 적은 편이다.

영남 편지도 서 아무개의 편지를 통해 이미 우의정에게 전해졌음을 알
았다. 이 편지도 마찬가지일 것이다. 그러나 그의 필획이 새 발자국 같아
나처럼 화기가 많은 사내는 번거로움을 인내하며 볼 수 없다. 한번 대강 보
고 이렇게 돌려준다.[87]

이 문장 역시 전체적으로 구어를 그대로 한문으로 직역하여 썼다. 정조
어찰은 목적이 분명하다. 대신과 서둘러 시시각각으로 발생한 정무를 처
리하기 위해 짧은 시간에 빨리 써서 지시하고 의견을 교환해야 한다. 그러
다보니 신하가 마치 앞에 있기라도 한 듯이 지시하고 말하고 의견을 묻는
다. 그러므로 대화하는 듯한 구어체 문장에 가깝다. 아주 간결하지만 생각
의 핵심을 정확하게 전달한다. 급하게 쓴 편지라고 해서 결코 허술하지 않
고, 상황을 적실하게 파고드는 힘이 있다.

속어와 속담의 적절한 구사

정조의 편지에서 사용하는 문장과 어휘가 구어적이라는 증거는 일상
에서 사용하는 속어와 속담, 비속어가 간혹 등장하는 현상에서 분명하게

찾아볼 수 있다. 심한 경우 한글 어휘를 그대로 노출시켜 사용한 경우도 있다. 한문 문장 가운데 한글을 사용한 사례는 심환지에게 보낸 어찰에서 만 네 군데 나타난다. 그중 두 가지 사례를 본다.

요사이 벽패僻牌가 떨어져나간다는 소문이 자못 성행한다고 한다. 내허 외실內虛外實에 비한다면 이해와 득실이 과연 어떠한가? 이렇게 한 뒤라야 우리 당黨의 광사狂士, 본디 뜻만 크고 행동이 부족한 사람을 말하는데, 여기서는 열 성 당원의 의미에 가깝다를 얻을 수 있을 것이다. 지금처럼 벽패 무리들이 '뒤 죽박죽'되었을 때에는 종종 이처럼 근거 없는 소문이 있다 해도 무방하다. 이해할 수 있겠는가? (128)

近來僻牌見落之說, 頗盛行云. 比之內虛外實, 其利害得失, 果何如? 且如 是然後, 吾黨之狂士可得. 近日僻類爲**뒤죽박죽**之時, 有時有此無根之曉曉, 也是不妨, 可以領會耶?

일간 잘 있는가? 평안도 관찰사 후보자는 형조판서이의필李義弼로 하라 고 이조판서에게 권하고, 그로 하여금 경에게 전하여 정하도록 했다. 그런 데 그 사람이 '**만조**'하다고 말하므로 부득이 충청도 관찰사이태영李泰永로 하라고 말했다. 어찌 지나치지 않은가? (538)

日間益衛耶? 箕伯望, 以秋判勸於吏判, 使之傳定於卿矣, 以人也之**만조** 爲言, 計不得已, 以錦伯言之矣. 豈不過矣矣乎?

어찰 '뒤죽박죽' | 1797년 4월 11일에 보낸 편지(128). "요사이 벽패(僻牌)가 떨어져나간다는 소문이 자못 성행한다고 한다. … 지금처럼 벽패 무리들이 '뒤죽박죽' 되었을 때에는 종종 이처럼 근거 없는 소문이 있다 해도 무방하다"고 심환지가 속한 벽파의 세력이 기우는 것을 염려했다. 여기서 '뒤죽박죽'이란 한글 어휘를 한문 중에서 그대로 노출시켜 표현했는데 이런 사례는 일반 사대부의 편지에서는 보기 힘든 독특한 현상이다.

한문 문장에서 중간에 이렇게 한글을 사용하는 것은 흔하지 않다. 파격적인데다 더욱이 국왕이 그렇게 쓴다는 것은 예상하기가 쉽지 않다. 두 가지 사례에서는 편지를 쓸 때 우리말로 생각하고, 그 생각을 한문으로 표현했음을 그대로 드러냈다. 벽파가 '뒤죽박죽'이라는 것이 정조를 비롯한 사람들의 평인데 이를 한문으로 번역해서 써야 하나 짧은 시간에 그 상대어를 찾지 못하여 그대로 한글로 써버렸다. 두번째 사례의 '만조하다'는 우리말 표현의 적합한 상대어를 찾기가 어렵다. 이 표현은 지금은 잘 쓰이지 않고 『표준국어대사전』에 "얼굴이나 모습이 초라하고 잔망하다"는 뜻으로 나온다. 정조로서는 적합한 표현을 찾지 못하고 어색함을 무릅쓰고 그 대로 한글을 노출시켰다. 정조가 어휘사용을 함부로 하지 않았다는 명확한 증거이다. 이밖에 국립중앙박물관에 소장된 어찰에도 '쇼더장'과 '외예지믈을'이란 한글어휘가 사용되었다. 전자는 숫대장이란 의미로 한문으로 표기하기 어려운 표현이다. 후자는 '외가붙이를'의 의미로 보이고 목적격 조사 '을'까지 썼다.

다음으로 정조의 편지에서는 속투의 어휘가 많이 사용되었다. 정조의 어투가 다른 왕들과 견주어 거칠다고 보기는 어렵고 당시 궁궐에서 군주도 이러한 어투를 흔하게 썼고, 비밀편지이기 때문에 그대로 반영되어 나왔다고 보는 것이 옳다. 다음과 같은 사례가 보인다.

내일 상참*이 있다고 명했는데, 경이 독상**으로 들어와서 어찌 한 마디 말도 없을 수 있겠는가? 혹시 생각해둔 **좋은 건더기**가 있는가?[88]

'좋은 건더기'는 원문이 '호재료好滓料'로서 직역하면 '좋은 찌꺼기 재료'이다. 그러나 이 말은 '내세울 만한 일의 내용'을 뜻하는 속된 표현으로서 지금도 보통 '말할 건더기가 없다'는 투로 쓰이기도 한다.

---

* 상참(常參): 신하들이 매일 편전(便殿)에서 임금에게 정사를 아뢰던 일.
** 독상(獨相): 삼정승 가운데 어느 한 사람만이 자리에 있어 다른 부서의 일까지 함께 처리하던 일.

이러한 속투의 말은 이외에도 많다. "감역 자리를 소론에게 돌리지 않는다면 또 무슨 욕설을 먹으려나? 껄껄!"[89] "정동익鄭東翼 일의 경우, 이 따위 일에 대해 어째서 임기응변을 못 하여 공연히 악담을 듣는가?"[90] "어제 이익운李益運을 시켜 좌의정채제공을 일으켜 즉시 차자를 올리게 했다. 나의 지시로 좌의정이 욕을 한 사발이나 먹게 만들었다. 쯧쯧! 무슨 말을 하랴?"[91]와 같은 사례에서 보듯이 '욕을 한 사발 먹는다' '욕설을 먹는다' 따위의 독특한 속된 표현을 거듭 사용했다. "이익모에게 바로 귀띔을 해주는 것이 어떠한가?"[92]에서 보듯이 '귀띔을 하다'라는 독특한 한국어 표현을 취이吹耳라는 한문으로 표현한 것도 흥미롭다.

정조는 또 고사를 비롯해서 속담을 아주 잘 활용했다. 속담과 고사를 잘 활용하여 기발한 기지와 유머를 보여주는 글이 박지원의 짧은 편짓글에서 자주 사용되는데 정조는 그와는 풍격이 다르지만 역시 비속어와 속담을 잘 활용했다. 다음과 같은 사례에 잘 나타난다. 소론 출신 윤광안尹光顔을 4월 12일 성균관 대사성에 임명하자 노론들이 반발하여 통문을 돌린 사건을 두고 정조가 말한 대목이다. 실록에는 5월 22일 이 사건과 관련해 정조의 비답이 실려 있고, 윤광안을 교체했다.[93]

대사성윤광안에 대해서 노론이 어찌 한 마디 하려 하지 않겠는가? 유생들의 통문이 나왔다는 말은 참으로 이른바 '볼기를 까고 주먹을 맞는 격'이라고 하겠다. 이렇든 저렇든 아닌 밤중에 홍두깨 같은 일이 늘 잡류들이 제멋대로 구는 데서 나오는데, 그런 버릇이 오래가겠는가?[94]

'볼기를 까고 주먹을 맞는 격'과 '아닌 밤중에 홍두깨 같은 일'이라는 속
담을 이 짧은 문장에서 두 개나 구사하여 상황을 적확하게 묘사하고자 했
다. 이외에도 앞에서 언급한 "이 떡 먹고 말 말아라"라든지 "그의 주당周堂
은 다른 곳이 아니라 참으로 이른바 사복천司僕川 곁이라 하겠다. 그 때문
에 한 번 웃는다"[95] 같은 속담도 보인다. 여기서 주당은 혼인이나 이사, 안
장安葬 따위의 큰일을 치를 때 꺼리는 살煞이고, 사복천 곁은 곧 사복개천
으로 거리낌 없이 상말을 마구 하는, 입이 더러운 사람을 낮게 일컫는 말
이다. 그러므로 지목한 사람이 입이 몹시 더러운 단점이 있다고 말한 것
이다.

이 밖에 "게다가 한 대신大臣은 미운 파리라고 하는 것이 맞으나 한 대
신은 고운 파리인데도* 함께 죄를 입는다. 어찌 이러한 일이 있으랴?"[96]와
"어용구魚用九가 이번 난장판에 뛰어들었다 하니, 참으로 '붕희棚戲, 산대놀
이의 언청이 샌님'과 같다고 하겠다"[97] "그 사람이 어찌 한 숟가락에 배부
르고 한 숟가락에 굶주리는 사람이겠는가?"[98] 같은 문장도 속담을 적절하
게 구사한 재미있는 표현이다.

이외에 속투 표현으로는 '개에 물린 꿩 신세[犬囓之雉]' '한 귀로 흘리다

---

* "미운 파리 치려다 고운 파리 상한다"라는 속담을 이용했다.

〔一耳流〕' '꽁무니 빼다〔拔尻〕' '누울 자리 보다〔占臥〕' '마누라장옷〔抹樓下長衣〕'** '입에 맞는 떡〔適口之餅〕' '냉수 중의 냉수〔冷水之冷水〕' '벽벽과 막막 조碧碧派 莫莫調' '야사립野絲笠' 같은 표현이 보인다. 지금 자주 쓰이는 표현도 있으나 그 의미를 파악하기 어려운 표현도 있다.

정조는 이와 같은 속담과 고사, 속투의 어휘를 활용하여 상황에 적합한 묘사와 형용을 하고자 애썼다. 이러한 문장과 어휘의 사용은 상대편의 심리를 장악하고 자신의 의도를 관철시키는 데 적절하게 기여했다. 정조는 자유로운 필치로 간단하게 적은 글인 소품문小品文을 배격하고 올바른 문체의 창작을 유도하고자 문체반정文體反正을 정책적으로 추진했다.[99] 그런데 비밀편지에서는 오히려 자신의 정책노선과 거꾸로 가는 경향을 따랐다. 이러한 표현의 특징은 그 시대 소품문 창작자들이 즐겨 쓰던 문체였고, 정조는 이들의 문체를 비판해왔다. 그럼에도 그의 비밀편지에서는 그가 비판하던 문체가 사용되었다. 누구에게나 공표되는 공식적인 글에서는 자신의 정책에 부합하는 글을, 비공식적인 비밀편지에서는 그가 비판한 소품체의 문장을 구사했다고도 말할 수 있다. 정조의 문장에서 발견되는 이중적 태도는 문젯거리이다.

** '노닥노닥 기워도 마누라 장옷'이라는 속담과 관련이 있다. 이 속담은 지금은 낡았지만 처음에는 좋은 물건이었다는 뜻이다. 원래는 소중한 물건이었으나 아직 예전의 모습이나 가치가 남아 있음을 가리킨다.

지방 정보를 캐묻는 정조의 어찰

1797년 11월에 강이천이 천안에서 난을 일으킨 뒤 1798년 8월 7일 정조는 심환지에게 그 지역에 있는 용의자의 동태를 파악하라고 지시하는 편지를 보냈다. 사당패 거사패 초 라니 솟대장이와 같은 민간 예능인의 동향을 정조가 날카롭게 파악하여 수치를 구체적으로 제시하며 사건과 민간의 동향을 언급했다. 이러한 내용은 공식사료에는 보이지 않는 다. 천주교 신자가 급증하던 충청지역 특히 천안 광덕산 일대 요주의 인물의 동향에 큰 신경을 쓰는 정조의 근황을 보여준다. 여기에 한자로 표기하기 어려운 한글 어휘 '쇼딕쟝' 이 등장하는 것이 매우 이채롭다. 다음은 탈초한 원문과 번역문이다.

천안 풍서면은 바로 도적소굴의 중심으로 속칭 분서촌이 바로 여기이다. 작년에 강이천 무리들이 난을 일으킨 곳인데 그곳에는 광덕산이 있다. 그 산에는 골짜기가 많고 물이 모여드는 곳이 바로 풍서면 분서촌이다. 골짜기마다 각기 10호 내외가 살고, 또 간혹 수십 호도 있어 모두 합해 사백여 호가 산다. 여기는 모두 근년에 소란을 일으킨 패들이 떠돌다가 머무는 곳으로서 도망한 아전 및 풍교風敎에 죄를 지은 자들과 사당과 거사 초라니 솟대장이와 같은 부류들이 있어서 도박과 돈치기를 하거나 개를 잡고 닭을 삶는 일을 한다. 그들의 수가 참으로 많다. 마땅히 사학邪學은 사학이고, 도적은 도적이라고 말해야 하지마는 작년 풍서면의 일 이후로는 차이가 없이 한 덩어리로 변했다. 적어 보낸 명단의 여러 사람의 행적을 정탐하되 마땅히 분서

촌의 여러 사내부터 특별히 힘을 기울여야 한다. 정현달鄭賢達의 경우에는
곧 죽었는데 분서촌의 패거리들이 서울에 통지한 자가 많은 듯하다고 한다.

天安豊西面 卽賊窟都家 俗稱汾西村是也

昨年姜彝天輩作梗之處 而其處有廣德

山 其山多洞壑 都水口乃是豊西面汾西村也 洞

洞各其或十戶內外 又或數十戶 合四百餘戶 此皆

近年騷屑牌流寓處 而又有逋吏及得罪風

敎者 舍堂居士焦爛쇼딕쟝之屬 博奕投錢

殺狗烹鷄爲事 其數寔繁 當云邪學自邪

學 賊徒自賊徒 而昨年豊西事以後 無異涯

角 打成一片 錄送中諸人行跡 雖可偵探 當

自汾西之諸漢 尤當致力 至於鄭賢達 卽物

故云 而汾西之牌通寄於京中者 似多云耳

심환지에게 보낸 정조어찰, 국립중앙박물관 소장

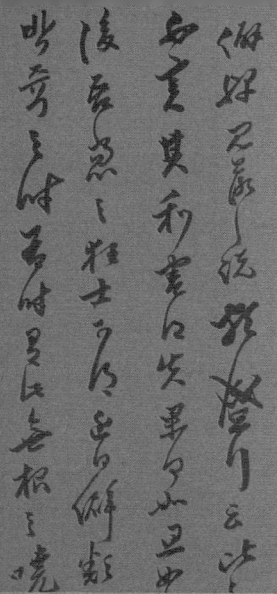

만년의 병세와
독살설

느티골 사는 이 노인이 마침 와서 한담을 나누고 있는데 문득 우리집 종이 언덕 너머에서 다급하게 와서는 파발 소에서 들은 소식이라며 어제 국상이 났다고 고하는 것이었다. 나는 나도 모르게 외마디 소리를 지르고 바로 땅바닥에 쓰러졌다. 이 노인이 뜨거운 물을 마시게 구완하여 겨우 정신을 수습하였다. 그래도 멍하니 어떻게 해야 할지를 몰라 그야말로 혼이 달아나고 넋이 빠져 있었다. 선친의 영전에 가서 입으로 사실을 고하고 구슬프게 곡을 하였다. 길을 떠나 서울로 들어가는데 큰 비가 마치 창을 꽂듯이 내렸다. 저녁에 필동에 들어가 아우와 손을 잡고 통곡하였다.

垢而淨俗陋也毀昨臨

莛洞言矯俗不率教之

奬固知欲革心者欲暴

『어찰첩』이 정조의 만년 생활을 드러내며 사망 직전까지 쓰였고, 편지의 수신자가 심환지라는 사실 때문에 대중의 관심이 정조의 독살설로 쏠리는 것은 필연적인 추세이다. 공교롭게도 비밀편지에는 건강과 관련한 정조 자신의 언급이 곳곳에 등장한다. 『어찰첩』은 정조 독살 의문과 관련된 정황을 파악하는 중요한 문건의 하나가 아니라고 할 수 없다. 따라서 여러 가지 관련자료를 함께 분석하여 정조의 만년 병세와 독살설의 진위를 집중적으로 살펴본다.

만년의 병세

앞에서 눈이 어질어질한 증세 때문에 독서를 방해받는 사실[100]을 언급한 편지를 보았다. 편지에는 그와 같은 증상을 비롯해 정조 말년의 건강 상태를 언급한 내용이 제법 많이 등장한다. 사망 몇 년 전부터 몸이 힘들고 건강에 문제가 있다는 사실을 가끔 비쳤다. 〈108〉에서는 곽란 징조로 며칠 동안 괴롭게 앓는다고 호소했고, 〈110〉에도 며칠째 이불 속에서 앓아

누워 있다고 했다.[101] 체증이 잦기도 했다. (123, 124)

정조의 사망일이 1800년 6월 28인데 사망 직전에 보낸 편지에는 건강에 큰 이상이 생겼다는 신호를 보냈다. 3월 3일에 쓴 편지(606)에는 피로가 누적되어 생강과 계피를 주로 먹고, 기력이 없어 자리에 앉기만 하면 정신을 잃고 잠든다고 말했다. 정조는 자신의 건강을 크게 걱정했다. 이후로는 자신의 증상을 더 자세하게 말했다. 자신의 병세가 심각한 상태임을 느낀 듯하다. 먼저 4월 17일의 편지를 본다.

나는 갑자기 눈곱이 불어나고 머리와 얼굴이 부어오르며 목과 폐가 메말라간다. 눈곱이 짓무르지 않을 때는 연달아 성질이 차가운 약을 먹으면 짓무를 기미가 일단 잦아든다. 잡다한 태양증太陽症이 모두 소양少陽의 여러 경락으로 귀결되어, 귀뿌리와 치흔*의 핵核이 번갈아 통증을 일으킨다. 그 고통을 어떻게 말로 형용하겠는가?[102]

고통을 말로 형용할 수 없다고 할 만큼 병세가 심각하다는 것을 정조 자신의 입으로 발설했다. 세상에 알려진 것처럼 종기로 인한 병만이 아니라 여러 병증이 섞여 있다. 이로부터 두 달이 지난 6월 9일과 15일에 심환지

---

* 치흔(齒痕): 혀가 이빨에 눌려 혀 주변에 나 있는 잇자국으로, 한방에서 비허(脾虛)를 진단하는 증상이다. 비허란, 비장의 기능이 허약해 소화가 잘되지 않고 식욕이 없어지며 몸이 야위는 병이다.

에게 보낸 편지에서는 병세가 극심해진 상황을 자신의 입으로 밝혔다. 사망하기 13일 전에 쓴 마지막 편지에 그 증세가 드러나 있다.

편지는 잘 받았다. 나는 뱃속의 화기가 올라가기만 하고 내려가지 않는다. 여름 들어서는 더욱 심해져 그동안 성질이 차가운 약제를 몇 첩이나 먹었는지 모르겠다. 앉은 자리 옆에 항상 약 바구니를 두고 내키는 대로 달여 먹는다. 어제는 사람들이 모두 알아차렸기에 어쩔 수 없이 체모를 세우고자 탕제를 내오라는 탑교楊敎, 왕이 직접 전하는 명령를 써주었다. 올 한 해 동안 황련黃蓮, 몸의 열을 식히는 약을 한 근 가까이 먹었다. 마치 냉수 마시듯 했으니 어찌 대단히 이상한 일이 아니겠는가? 이 밖에도 항상 얼음물을 마시거나 차가운 온돌의 장판에 등을 붙인 채 잠을 이루지 못하고 뒤척이는 일이 모두 고생스럽다. 이만 줄인다.[103]

인용문은 편지 전문이다. 전적으로 병이 심각함을 염려하는 내용으로 차 있다. 여름 들어서 자신의 병세가 아주 심해졌다고 했다. 자신의 병세를 남들에게 떠벌리려 하지 않았으나 심환지에게 심각한 병세를 발설했다. 사실 정조는 자신의 병세를 대신들과 친지들에게 숨기려는 의도가 크게 없었다. 그의 건강문제는 앞서 살펴본 이명연의 상소에서도 드러나듯이 이미 조정의 신료들과 어느 정도 공유하였다. 그렇기 때문에 심환지에게도 이렇게 스스럼없이 건강이 좋지 않고 어떻게 투약하는지를 거침없이 밝혔다. 정조는 6월 14일 후에 순조의 장인이 되는 노론 시파 김조순에게 자신의 상처를 직접 보이기까지 했다. 김조순이 쓴 「영춘옥음기迎春玉音記」 에 나온다.

이렇게 정조는 만년에 병으로 극심한 고통을 받았고, 그러한 사실을 여러 신하들에게 밝혔다. 심환지에게 마지막 편지를 보낸 뒤 13일 만에 정조는 세상을 떴다. 심환지에게 보낸 비밀편지를 비롯해 병세를 기록한 여러 자료를 통해 볼 때 정조는 자연사했을 가능성이 높다. 정조어찰은 정조의 건강과 병세를 알려주는 자료로서도 매우 중요한 가치를 지닌다.

정조 독살설의 진실

공식 역사기록과 국사학계의 정설로는 정조의 사인은 병사病死이다. 그러한 정설에 이견을 제기하여 독살설을 주장한 장본인이 이인화 작가와 이덕일 한가람역사연구소 소장이다. 이인화의 주장은 『영원한 제국』이란 소설에서 제기됐고, 이후 영화화됨으로써 대중적 지지를 얻었다. 그러나 상상력에 토대를 둔 허구이므로 진실 여부를 굳이 언급할 필요를 느끼지 않는다.

이덕일 소장은 대중적 흥미성을 띤 이 독살설을 사료로 입증한다고 표방했다. 『조선왕 독살사건』에서 제기한 독살설의 근거는 크게 세 가지로

요약할 수 있다. 첫째는 수은이 들어간 연훈방 처방을 권유한 심인은 노론 벽파의 영수이자 정조의 정적인 심환지의 친척이다. 둘째, 정조의 체질에 맞지 않은 인삼이 들어간 경옥고 처방을 권유한 이시수는 노론 벽파이다. 셋째, 정조가 승하했을 때 정순왕후 혼자 곁을 지켰다. 어떠한 방법을 썼고, 독살의 장본인이 누구인지를 구체적으로 밝히지 않고 독살의 정황을 언급하는 선에 그치고는 독살되었다고 주장했다.

여기에다 이 해 5월 30일에 반포한 「오회연교五晦筵敎」에서 이가환과 정약용을 비롯한 남인 중용과 노론 벽파의 대숙청을 예고하여 노론 벽파가 곧 완전히 실각할 위기에 처했으므로 서둘러 독살하지 않으면 안 되는 조건이 만들어졌다고 주장했다. 독살의 현장에 등장한 세 사람 모두 오랫동안 정조와 적대적 관계였으므로 결국 심환지 또는 정순왕후가 정조를 독살했으리라는 추정이다. 공교롭게 정조가 죽은 뒤 정순왕후는 수렴청정하며 권력을 쥐었고, 심환지는 영의정에 올라 벽파가 집권함으로써 독살의 이득을 톡톡히 챙겼다고 했다.

이 주장을 보면, 독살설의 개연성이 충분한 것처럼 보인다. 개혁군주 정조의 독살과 그 이후 조선의 쇠퇴와 몰락의 구도는 드라마틱하면서도 논지가 정연해 보인다. 개혁을 추진한 정조는 선이고, 그에 반대한 노론 벽파가 악이라는 구도의 설정은 민족주의적 정서에 부합하기도 한다. 정조가 죽지 않았다면 조선은 뒤에 멸망하지 않았다는 논리도 같은 맥락이다. 이러한 주장에 학계에서는 유봉학 교수가 언론지면을 통해 반박하기는 했으나 아직 본격적인 근거를 제시한 글이 나오지 않았다. 유봉학 교수는 시파가 벽파를 몰아낸 1806년 병인경화丙寅更化 당시에도 독살을 심환지를 축출하는 근거로 삼지 않았다는 사실과 다산 정약용이 독살을 암시한 「고금도 여자 장씨의 일을 기록한다紀古今島張氏女子事」가 전혀 근거가 없다는 점을 독살설을 부정하는 주요한 논거로 들었다. 충분히 수긍할 수 있는 주장이다.

그렇다면 과연 정조가 노론 벽파에게 독살당했다는 주장은 성립할 수 있는가? 그 주장이 그럴듯해 보이기는 하지만 성립하기는 어렵다고 필자는 판단한다. 독살설은 병사했다는 공식사료를 부정하므로 주장의 근거를 설득력 있게 제시할 필요가 있다. 하지만 주장의 근거와 논리가 분명하지 않고 제시한 정황과 추정도 설득력이 없다. 정조는 병사했을 뿐 독살당하지 않았다는 필자의 논리와 근거는 이렇다.

첫째, 『정조실록』과 『어찰첩』에서 거듭 확인할 수 있듯이, 정조는 오랜 지병이 있었고, 이 해 내내 병으로 시달렸다. 1789년 채제공이 기록한 정조의 말씀에 "요즘 격막膈膜, 횡격막에 고질병이 들어 아파서 참을 수 없다. 그러나 신료들이 어찌 알겠는가?"라고 했다. 또 심각한 종기증세는 10년 이상 지속되었다. 이명연의 상소에서도 정조의 병세는 심각하게 묘사되어 있다. 사망 1년 반 전인 1799년 1월 18일의 어찰에도 "내가 회복하는 것은 짧은 시일 안에 기약하기 어려우니, 매우 괴롭다"(429)고 했고, 경기도박물관에 소장된 6월 9일 편지에서는 "나는 날마다 적빙赤氷 몇 사발과 황련

黃蓮 몇 첩씩을 마시는데 그러고 나면 폐의 열과 답답한 속이 다소 상쾌해지는 느낌이 든다"고 토로했으며, 승하하기 13일 전인 6월 15일 마지막 보낸 편지(639)에서는 중병임을 분명하게 실토했다. 독살설을 주장하는 사람들이 말하듯, 멀쩡하던 사람이 갑자기 병이 생긴 것이 아니다.

둘째, 정조가 심상치 않은 상태로 와병중이라서 조정 대신들이 전전긍긍하고 있을 때, 연훈방 처방이든 경옥고 처방이든, 사후에 독살을 입증할 수도 있는 증거가 되는 약물을 투여하여 독살하려는 어리석은 짓이 가능한가? 더욱이 한의사(오은정 한의원 원장)의 견해에 따르면, 정조의 체질에는 이러한 약물로 독살하는 것이 가능하지도 않다. 게다가 정순왕후가, 지근거리인 문밖에서 대신들이 지켜보는 가운데 사경을 헤매는 국왕을 직접 살해할 만큼 무모하고 대범할까?

셋째, 아무리 독살의 의지가 있다고 해도 심각한 중병 상태인 6월 이후에는 구태여 독살할 필요가 없었다. 그때에는 심각한 병세라는 사실을 국왕의 최측근에 있는 신하라면 누구나 알 수 있었기 때문에 설혹 독살할 의도가 있었다 해도 자연사하기를 기다렸을 것이다. 그러므로 15일 이후 처방을 시도한 심인을 비롯해서 독살자로 지목된 인물들의 혐의는 인정하기 어렵다.

넷째, 설령 정조를 교묘하게 독살했다는 주장을 마지못해 인정한다고 해도 그 낌새를 혜경궁 홍씨가 알아차리지 못했을까? 홍씨는 정순왕후가 들어오기 직전 세자와 함께 사경을 헤매는 정조를 지켜보았다. 그런데 『한중록』에서 혜경궁 홍씨가 독살설을 제기하지 않은 이유는 무엇일까? 혜경 궁 홍씨의 정치적 입장이 모호한 측면이 있다고 해도 아들의 독살을 편들 거나 묵인할 가능성은 거의 없다. 더욱이 독살의 주모자가 심환지나 정순 왕후일 경우에는 말할 나위가 없다.

혜경궁 홍씨가 심환지와 김종수를 극도로 질시한 것은 잘 알려진 사실 이다. 심환지와 김종수는 자신의 친정을 적대시한 정적이었기 때문이다. "그런데 그 속에 셋째 동생이 들었다 하여, 영의정 심환지가 앞장서서 흉 한 말로 죄인이라 못 한다고 하니라…… 만고에 이런 흉악한 역적이 어이 있으리오(403). 그런데 책 한 권을 채 박지 못하여 심환지 등이 임금 앞에 서 망극한 말을 아뢰어 간행을 중지시키니라(404). …… 심환지가 임금 앞에서 아뢰기를 '오석충이 제 조상 오시수의 관작을 회복시킨 것을 홍낙 임에게 다니며 도움을 받았노라고 자백했다'고 했으나, 오석충과 관계를 맺었다는 이 한 가지 말로 인해 오히려 남인과의 관계가 다 백백지白白地, 턱도 없이 속인 것임을 알 수 있느니라(410)"[104]라고 하여 극심한 증오심을 확연히 드러냈다. 정순왕후와의 갈등도 적지 않았다.

그럼에도 불구하고 아들의 죽음을 두고 "모자 둘이 겨우겨우 의지하여 온갖 변고를 다 겪고, 늦게야 영화와 복록을 받아 나라의 무궁한 복을 보 기를 기다렸는데, 하늘이 무슨 뜻으로 중간에 정조를 앗아가시니, 세상에 이런 혹독한 참화가 어이 있으리오(289)"[105]라고 묘사할 뿐 독살되었을 가 능성을 전혀 제기하지 않았다. 혜경궁은 정조의 사망을 한스럽거나 억울하게 여기지 않고 다소 냉정하고 담담하게 받아들였다. 오랜 병고를 겪은 정조의 처지를 인정했기 때문이 아닐까? 이것은 정조의 사망이 병사임을 말하는 분명한 증거이다.

다섯째, 5월 30일에 반포한 「오회연교」가 과연 심환지 등으로 하여금 국왕을 독살하도록 유도한 것일까? 이덕일 소장은 「오회연교」 반포로 남인이 중용되고 노론 벽파가 실각하게 돼 심환지 등이 위기감을 느끼고 독살의 의지를 불태웠으리라는 취지의 주장을 펼쳤다. 「오회연교」는 『실록』에 전문이 수록되어 있으나 정조의 주장이 모호해 내용을 파악하기 힘들다. 심로숭조차도 정조가 무엇을 말하려고 했는지 불분명하다고 말했을 정도이다. 대체로 의리의 근본과 등극 이래 조정 인사의 대원칙을 천명한 이 연교는, 시파이지만 벽파와 다름없는 이만수李晩秀를 병조판서에 임명하자 시파인 김이재金履載가 반대하는 상소를 올린 데 대해 정조가 이만수를 두둔하며 김이재를 호되게 질책한 내용이다. 남인 시파를 등용하려고 하여 벽파가 위기의식을 느꼈다는 박광용, 김성윤 교수를 비롯한 대다수 역사학자의 견해는 필자가 보기에는 옳지 않다. 나는 오히려 「오회연교」가 벽파를 등용하려는 의도를 강하게 표명한 글이라고 본다.

그렇기 때문에 다른 당파에서는 크게 반응이 없었던 반면, 유일하게 벽파의 핵심 막료로 활동한 이서구가 이 교서에 맞장구를 치는 상소를 올렸다. 그런 정황을 입증하듯이, 정조는 벽파인 이서구를 크게 중용할 생각을 드러냈다.[106] 정조 자신도 5월 30일 심환지에게 보내는 어찰에서 이 연교

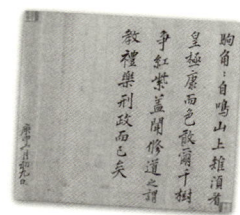

어찰과 시, 경기도박물관 소장 | 심환지에게 보낸 정조의 어찰과 겉봉투. 1800년 6월 9일. 별지(別紙) 성격을 지닌 것으로 5월 그믐날 「오회연교五晦筵教」를 반포하고 난 뒤 정국상황을 긍정적으로 보고 심환지에게 밝은 기분으로 감회를 읊은 시를 보냈다. 한편, 이 편지에서도 "나는 날마다 적빙(赤冰) 몇 사발과 황련(黃連) 몇 첩씩을 마시는데 폐의 열과 답답한 속이 다소 상쾌해지는 느낌이 든다"고 말해 건강이 좋지 않음을 토로했다.

가 풍속을 바로잡는 것, 즉 '교속矯俗'에 있고, 이 '속俗'은 실제로는 시파를 지목하기 때문에 시파들이 반발한다고 말했다. 1829년 12월 12일, 정조로부터 심하게 질책을 당한 적이 있는 김이재는 문효세자에게 상소를 올려 심환지 등 벽파가 「오회연교」를 이용해 정적을 해쳤다고 말했다. 김이재와 심노숭을 포함한 시파 정치인이 정황을 그렇게 파악한 이유도 사실상 그것이 시파를 겨냥하고 있는 사정과 관계가 있다.

　한편, 6월 9일 정조는 심환지에게 어찰 2통과 장편시를 보내 차운시를 지으라고 명령했고, 이서구에게도 비슷한 대우를 했다. 정조는 이 연교에 다양한 반응을 보이는 많은 신료들이 결국에는 한 길로 들어서리라 기대하고 신료들이 왁자지껄 떠드는 소리를 예상하며 웃었다. 과거처럼 모서리를 숨기고 까칠한 비늘을 감춰서 조는 듯 자는 듯한 태도와는 완전히 다르게 강한 어조로 말한 것에 크게 만족스러워했다. 심환지에게 이렇게까지 속내를 드러낸 것은 「오회연교」에서 공격의 화살을 돌린 대상이 심환지나 벽파가 아닌 다른 쪽이었다는 명증明證이다. 이덕일 소장은 「오회연교」의 내용을 오독하고 왜곡하여 정조가 사망 전에 벽파를 축출하려 했다고 주장했다. 그렇게 봄으로써 독살의 정황이 무르익었다고 추정했다. 그러나, 실제 상황은 반대였다.

여섯째, 『어찰첩』 전체 내용을 분석해보면, 1795년 '벽패환국' 뒤로는 정조에게 심환지와 벽파는 적대적 관계라기보다는 비판적 협력자로서 정치적 동반자 관계라고 보아야 할 만큼 최측근 신료였다. 그러므로 노론 벽파가 정조를 독살하려는 정치적 음모를 당파적 입장으로 세울 상황이 아니었다.

이러한 여러 이유를 놓고 결론적으로 판단할 때, 노론 벽파에 의한 정조 독살설은 흥미를 불러일으키기는 하나 역사적 진실성이 뒷받침되지 않은 허구에 불과하다.

「오회연교」의 표적

「오회연교」를 시파인 심노숭은 어떻게 보았을까? 김종수와 심환지를 철천지원수이자 나라의 역적이라고 말한 심노숭은 정조의 의중이 담긴 이 교서가 내용을 파악하기 쉽지 않은데 벽파들이 제멋대로 정권을 잡는 데 이용했다고 보았다. 심노숭은 이렇게 말했다.

드디어 5월 그믐날 교서를 발표하셨다. 세력이 줄다가 커지고, 갔다가 오는 즈음에 조화를 부려 살리고 죽이는 의리를 천만 마디로 말씀하셨다. 임금이 말씀하신 바를 신하는 알 수가 없다. 을묘년 이후의 국면은 치우치게 기대는 정황이 있어 당인黨人이 성세聲勢를 한층 확장하였다. 성품과 하늘의 도를 저들은 듣지도 못하고서 들었다고 제멋대로 떠들었다. 교서가 내려오자 고슴도치가 일어나고 참새가 날뛰며 밀물이 몰려오고 흙더미가 무너지는 듯한 형세라서 하루를 기다리지도 못하는 듯 굴었다. 그래서 드디어 이서구의 상소가 나오게 되었다.

심노숭의 생각으로는 이른바 '벽패환국'이 발생한 1795년 이후 정조가 지나치게 벽파에 기울었고, 그 때문에 벽파의 당인들이 정조의 속마음을 안다고 떠들면서 득세를 했다. 게다가 「오회연교」가 나오자 벽파들이 자기 천하가 온 것처럼 환호작약하였고, 그 때문에 이서구의 상소문이 나왔다고 보았다. 그동안 학계에서 「오회연교」를 잘못 이해한 정황을 심노숭의 언급으로도 알 수 있다.

정조가 죽던 날의 풍경

심노숭은 정조가 죽은 날 앞뒤 며칠간의 경황을 연보에서 다음과 같이 기록했다. 정조의 죽음이 얼마나 큰 충격이었는지가 지면에 넘친다. 그러나 심환지와 원수지간이었던 심노숭이 쓴 글에 독살설의 기미를 찾기는 어렵다. 심노숭은 정조를 여러 번 직접 알현한 적이 있을 뿐만 아니라 1798년 3월 14일에 심환지에게 보낸 편지(국립중앙박물관 소장)에서 심노숭을 따르는 무리가 많다고 정조가 걱정할 정도로 정치적 비중을 가진 시파계 인물이다.

경신년 6월 나라에 초상이 나 곡하는 자리에 가기 위해 파주에서 한양성으로 들어갔다. 주상의 건강이 편치 않다는 소식을 들은 지 겨우 며칠 지났다. 서울에서 오는 편지에서 알려준 바로는 등에 작은 부스럼이 난 정도에 불과하다고 하여 그다지 큰 걱정을 하지 않았다.

29일 일찍 일어나 한창 뜰앞에서 호미로 가지 모종을 하는 중이었다. 느티골 사는 이 노인이 마침 와서 한담을 나누고 있는데 문득 우리집 종이 언덕 너머에서 다급하게 와서는 파발소에서 들은 소식이라며 어제 국상이 났다고 고하는 것이었다. 나는 나도 모르게 외마디 소리를 지르고 바로 땅바닥에 쓰러졌다. 이 노인이 뜨거운 물을 마시게 구완하여 겨우 정신을 수습하였다. 그래도 멍하니 어떻게 해야 할지를 몰라 그야말로 혼이 달아나고 넋이 빠져 있었다. 선친의 영전에 가서 입으로 사실을 고하고 구슬프게 곡을 하였다. 길을 떠나 서울로 들어가는데 큰 비가 마치 창을 꽂듯이 내렸다. 저녁에 필동에 들어가 아우와 손을 잡고 통곡하였다. 홍화문 밖 곡하는 자리에 갔다.

　우리 선왕께서 나라를 다스리신 25년 사이에 큰 덕망과 지극히 인자하심이 백성들에게 깊이 스몄는데, 돌아가신 날 나라 안에서 울부짖고 통곡하는 소리가 서로 이어졌다. 파주에서 서울로 오는 동안 주막집 노파와 시골 노인네가 눈물을 비오듯 쏟으면서 "하늘도 착하지 못하시지. 어째서 네댓 해만 더 빌려주어 우리 세자빈이 궁궐에 들어가는 것을 보게 하시지 않는가?"라고 말하는 것을 들었다. 하는 말이 너무도 간절하여 정말 부모를 잃은 듯하였다. 그 소리를 듣고서 나도 자연스레 말 위에서 목을 놓아 울면서 "이것이 이른바 백성들의 떳떳한 양심이다"라고 말했다.

8

비밀편지가
남겨둔 비밀

드러내고 싶지 않은 타인의 비밀은 사람의 묘한 호기심을 자극한다. 더욱이 권력의 최정점에서 노련한 정치력을 발휘한 군주의 비밀일 때는 호기심에 그치지 않고, 근엄하고 진지한 역사를 이완시키고 이면을 들여다보는 기회를 제공한다. 그것만으로도 정조의 비밀편지는 가치가 있다.

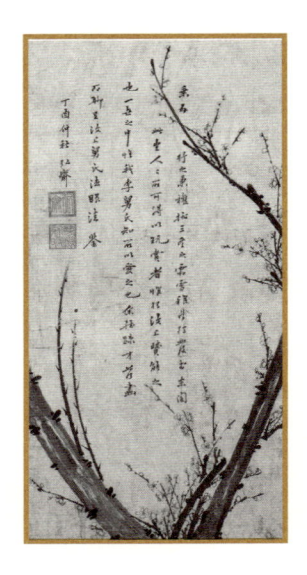

드러내고 싶지 않은 타인의 비밀은 묘한 호기심을 자극한다. 더욱이 권력의 최정점에서 노련한 정치력을 발휘한 군주의 비밀일 때는 호기심에 그치지 않고, 근엄하고 진지한 역사를 이완시키고 이면을 들여다보는 기회를 제공한다. 그것만으로도 정조의 비밀편지는 가치가 있다.

심환지에게 보낸 정조의 비밀편지는 현존하는 것 자체가 기적이라고 할 만큼 정조시대 역사를 새롭게 해석하게 할 만한 사료이다. 국왕의 밀찰이 한두 통도 아니고 350여 통 오갔다는 사실은 상식을 넘어선다. 게다가 이들 어찰이 지금까지 고스란히 보존되었다는 사실은 더더욱 놀랄 일이다. 학계를 비롯해 다양한 분야에서 이 어찰에 크나큰 관심을 표명하는 것은 까닭 없는 호들갑이 아니다.

정조의 일거수일투족과 그가 말한 모든 내용은 대부분 정치적 의도를 구현한다. 『어찰첩』의 중심 가치는 거기에 있다. 그러나 그 가치는 그것에만 그치지 않는다.

정조어찰은 그동안 우리가 보아온 역대 국왕이나 정조의 다른 어찰과 성격이나 기능 면에서 큰 차이를 보인다. 다른 어찰은 대체로 친족 간의 안부를 묻는 기능에 국한된다. 선조와 효종, 사도세자의 일부 어찰만이 비밀편지로서 정치적 문서의 가치를 지녔다. 그마저도 간헐적으로 보냈거나 일회성을 벗어나지 못한다. 사료적 가치가 단순했고, 그 때문에 학계에서는 어찰에 주목하지 않았다. 반면에 정조가 심환지에게 보낸 어찰은 일정한 기간에 지속적으로 오간 정치적 문건이다. 원천적 사료에 속할 뿐만 아니라, 기록학적으로도 충분히 신뢰할 만한 문서이다.

게다가 이 어찰은 『조선왕조실록』과 『승정원일기』를 비롯한 공식 사료와 충돌하기도 하고 이들을 보완하기도 한다. 국왕이 행한 정치적 행위의 이면에서 어떠한 일이 벌어졌고, 당사자들은 이를 어떻게 느꼈는지를 폭로한다. 공식 사료가 결코 드러내 보일 수 없는 사실, 그러나 매우 중요한 사실을 보여준다.

편지가 오간 4년 동안 조정에서 발생한 주요 사건의 발생과 경과, 처리가 편지로 오간 대화 속에 상당 부분 포함되어 있는데, 공식적 역사기록에서도 볼 수 없는 비밀스런 정보가 숨어 있다. 따라서 이 어찰의 등장은 이 시대 역사를 보는 새로운 시각과 사고를 요구한다. 시파는 정조의 친위세력이고 벽파는 정조의 적대세력이라는 역사학계의 통념이 과연 실상에 부합하는지 재검토를 요구한다. 벽파의 성격과 위상을 새롭게 정립할 필요가 있다. 정조시대, 나아가 조선시대의 정치적 행위와 역사서의 행간을 읽고 채우는 흥미로운 역사 읽기가 가능해졌다.

정조가 신료나 친족과 주고받은 수많은 편지는 역사적 의의와 현재적 의미가 크다. 하루에 한 사람에게 몇 통을 보냈으므로 많을 때에는 하루에

열 통 이상도 보냈을 가능성이 있다. 시각을 다투며 긴급하게 정보를 교환하고 의사를 소통하고자 열망한 결과물이다. 정조의 편지왕래는 근대 이후의 빠른 정보교환의 선행형태라고 말할 수 있다.

이 책에서는 『정조어찰첩』 297통 외에 여러 곳에 산재한, 심환지에게 보낸 어찰과 다른 신료에게 보낸 어찰, 심환지 가문에 전해온 문집을 비롯한 여러 가지 자료, 그리고 각종 문집과 역사서까지 검토의 대상에 포함시켜 논의했다. 어찰의 정치적 의미와 정조의 인간적 면모, 어찰의 문체와 어투 등을 살펴보았다. 그럼에도 정조의 비밀편지는 여전히 다양한 시각으로 정조시대 역사를 재조명하기를 기다린다.

* 이 책에서 이용하는 심환지에게 보낸 정조의 어찰은 성균관대출판부에서 간행한 『정조어찰첩』에 실린 것을 인용하고, 그 일련의 어찰 번호로 표시한다. 국립중앙박물관과 개인소장 어찰은 나오는대로 출처를 밝힌다. 내용은 필자의 수정을 거쳤다.

1 장유승의 「정조어찰첩의 사료적 성격—승정원일기와의 대조를 중심으로」(『대동문화연구』 제66집, 2009)에서 공식 역사와 어찰을 비교분석했다.

2 2009년 2월 9일 '새로 발굴한 정조어찰의 종합적 검토' 학술회의에서 발표된 5편의 논문은 『대동문화연구』 63집(성균관대학교 대동문화연구원, 6월 30일 간행)에 특집으로 수록되었다.

3 박철상, 「새로 발굴한 『정조어찰첩』의 자료적 가치」(『대동문화연구』 제66집, 2009), 18~19쪽의 도표를 일부 수정하여 수록했다.

4 장유승, 앞의 글.

5 국립중앙박물관, 『정조 임금 편지』, 그라픽네트, 2009. 12.

6 이 말은 『소학小學』 권5 「가언嘉言」에 실려 선비들이 금과옥조처럼 생각하였다. 경남대 데라우치 문고에 조선 선비의 간찰첩으로 『근유첩近儒帖』이 소장되어 있다. '근유'는 정자가 한 말에서 따온 것으로서 '근유첩'은 곧 '간찰첩'의 다른 표현이다. 또 간찰첩을 '최근(最近)' '최근첩(最近帖)'이라고 흔히 부르는 것도 정자의 말에서 나왔다. 그만큼 간찰은 선비가 일상적으로 가까이하는 일이었다.

7 崔奎瑞, 『艮齋集』, 「謝降御札賜御膳及柴炭疏」, 문집총간 161책. "疏涼城外, 豈若京邸? 十束竈木, 兩馱完炭, 先遣京邸. 軆此至意, 入處調養. 仍賜追飯湯, 問卿安否."

8 宋時烈, 『宋子大全拾遺』, 〔卷首〕, 「孝宗大王密札」, 문집총간 116집. "如論大事, 則大臣不可不知, 而今之大臣, 皆以一時之望, 循序以進也, 有幹局之人未易得. 原平不無其才, 而氣質素欠從容, 似難爲精細之事. 沈相賢而無才, 完南多病不出, 有智有慮識事務, 領相爲然, 而但不欲担當重事, 是可欠也. 而非此人則無不可, 卿須知此意, 交結得其親而後, 可以次第論事矣. 西北事亦欲如是爲之, 而但西事尤難, 深慮不已也."

9 莊獻世子, 『東宮邸下手書』, 경남대 데라우치 문고 소장. "向者悉諭余志, 以余誠淺, 不能見孚, 尙今無意登途, 愧誠意之未孚, 心深忸怩. 然以卿恒日爲國之丹心, 當今大事方張, 聖躬勤勞, 豈忍一向恬然引退乎? 況讒妄之說, 余悉洞知, 大朝旣已嚴處之後, 於卿更無毫分難安之端, 卿須体大朝之至意. 顧小子雲霓之望, 安心勿復控辭, 幡然就途, 用副余意, 弘濟國事!"

10 洪龍漢, 『御墨帖』, 「御墨帖跋」, 후손가 소장. "先王喜文章, 平昔賜予廷臣書牘甚富……"

11 혜경궁 홍씨, 『한중록』, 정병설 옮김, 문학동네, 290쪽, 2010.

12 같은 책, 400~401쪽.

13 홍용한, 앞의 글. "旣喪之七年, 丙寅我慈慶邸下下敎于家人曰: '先王喜文章, 平昔賜予廷臣書牘甚富. 如今零珠遺玉, 散落人家, 予懼其久易漫滅也. 在他人則予無如何, 其藏諸家內人者, 思所以不朽圖也. 念諸家貧, 無以辦役費, 今賜帑中華藤若干束, 釆錦若干段, 所資若干縜, 助焉. 其宜及時敉之!' 聞英宗大王嘗景慕宸宮墨蹟有存者, 弁于帖亦可.' 此賤臣等所嘗意焉, 而莫之爲也. 伏讀是敎, 相聚首扢涕敬諾, 各出所嘗奉前後御翰, 亟命工貼飾之, 幾箇月告成, 凡千有餘篇."

14 洪樂倫, 『正祖御札帖』 跋文, 야마구치 현립 도서관 소장. "自古帝王家點墨隻字, 猶謂之神龍片鱗·威鳳一羽, 視若珍寶, 莊弆惟謹, 則況臣家所奉三朝寶墨宸翰, 雖有宋龍圖寶文之藏, 未必若斯之盛且多也, 豈不偉哉!"

15 正祖, 『弘齋全書』 권55, 「雜著」2, 吏曹判書榮襄公宋言愼家藏宣廟御書密札跋甲寅. "於乎! 當是時, 左右夔龍袞袞如雲, 豈獨於若人者私之云乎哉! 然君不密則失臣, 爲其賢人而私之, 則非私無以濟, 蓋聖人之微意, 將有以風一世而倡羣豪焉, 是豈非後嗣王所可憲章而紹述者乎?'"

16 사례를 들면, "총융사에게 보낼 편지의 초고를 베껴둔 것을 보낸다. 아마 읽어보면 반드시 먹던 밥을 뿜어낼 것이다"(308), "간밤에 잘 있었는가? 지금 서료(徐僚, 徐龍輔)의 편지를 받아보니 심대간(沈臺諫, 沈奎魯)이 상소한다고 한다"(605) 등이 있다.

17 "보내준 편지는 잘 받았다. 마침 손님이 있어 사람을 시켜 쓴다."(246) "한창 문서를 보느라 이만 줄인다. 다른 사람을 시켜서 쓴다."(311) "등불 아래에서 다른 사람을 시켜 쓴다."(344)

18 이상 인용문은 박현모, 『정치가 정조』, 푸른역사, 23~25쪽, 2001.

19 이규상, 『並世才彦錄』, 「文苑錄」. "沈煥之, …… 面多權骨山字肩, 疎襟直腸, 有士大夫風節, 有事注心, 竟遂乃已, 可謂不負心人."

20 이 작품을 이러한 우의로 볼 때, 1797년 4월 11일(128)에 보낸 어찰에서 "요사이 벽패(僻牌)가 떨어져나간다는 소문이 자못 성행한다고 한다. …… 지금처럼 벽패 무리들이 뒤죽박죽되었을 때에는 종종 이처럼 근거 없는 소문이 있다 해도 무방하다"고 말한 것처럼 벽파의 형세를 서로 염려한 부분의 연장선상에 서 있다고 볼 수 있다.

21 "十七日, 史官承膺祚宣別諭, 後書啓"(附奏를 교정하여 書啓로 썼다).

22 송신용이 주해한 『漢陽歌』(정음사, 1949, 69쪽)의 주석에서 서은(西隱) 장선생(張先生)으로부터 들은 말이라고 밝혔다.

23 "金隷不用, 書便路阻, 其爲沓沓, 何可勝言. …… 此校當有口申者, 金隷出間, 依此爲之. 如何如何?"(513; 1799.8.24)

24 "此去漢, 善步勤實, 必須賜顔. 此後當輪送此漢. 來頭惠廳行下, 優給如何?"(『정조임금편지』, 172쪽. 1797. 12. 17일 편지)

25 "近久阻便, 何乃疎闊有甚於枚卜前耶? 此中下隷, 恐煩耳目, 晝則果難. 後必知此, 頻送貴傔, 而聞傔屬多雜類云, 須思澄汰之方, 益存縝密之工. 如何如何?"(417; 1798.11.18 밤)

26 "似此往復之說, 卿或不愼於眉睫, 使人撕得其際. 近來多有得聞之說, 所謂切親於卿者, 又豈無加於卿之切親處耶? 此箇事理與分數, 何以不能覰看耶?"(448; 1799.4.10)

27 〈427〉(1798.12.5)에서 "바쁜 일이 많아 이만 줄인다. 이후로 서로 연락할 때는 인편을 소홀히 하지 말고 각별히 조심하는 것이 어떠한가?"라고 당부한 예가 있다.

28 "이미 내가 말한 것을 소한(小韓: 韓用龜)에게 말했다는 듯하다. 이처럼 입조심을 하지 않는 것은 생각이 주도면밀하지 않은 탓이 아닌가? 추기(樞機: 말)를 조심하지 않는다고 이전부터 주의를 주느라 혀가 닳을 지경이다. 그런데도 고칠 줄을 모르니 그 이유를 찾으려 해도 찾지 못하겠다. 이것은 시속의 무리들도 하지 않는 짓이니 혀를 차며 탄식할 뿐이다."(234; 1797.12.16)

29 "吾所不言於渠者, 卿則輕說. 吾之視卿無間如彼, 而卿之不愼口, 愈往愈甚. 此後對卿, 吾亦當緘嘿之外, 無他道, 還覺呵呵. 眞所謂喫此餠忍此言之諺, 更須銘念如何? 卿今老白首, 且地處與委界顧何如? 每於愼口一款, 輒不免生頉, 卿可謂無筭之

嫂, 悶甚悶甚!" (127; 1797.4.10)

30 『東言解』에는 "食此餠, 不言"이라고 표현했다.

31 "別紙는 보고 나서 돌려보내는 것이 어떠한가? 이와 같은 별지를 경이 매번 소홀히 여기므로 터럭만큼이라도 누설될까 걱정하여 이렇게 돌려보내라고 부탁한다. 이후로 이렇게 말하지 않더라도 그리 알라!" (123; 1797.3.5) 그렇다면 심환지에게 보낸 정조의 편지 중 일부는 정조가 회수하여 멸실했을 가능성도 있다.

32 "訓局將官事, 似是傳者錯耶. 此紙, 覽則扯去或洗去, 而每每一念常在於雖於家間恐或不愼. 卿若一分縝密, 則此件何從而出耶? 聞卿胤子, 人頗非常, 又勝於乃兄云, 每爲卿喜幸. 此等書札, 卿自洗去耶, 抑使卿子洗之耶? 願聞區處之方, 後便必一示之, 以破此疑也." (146; 1797.7.7)

33 백승호, 「새로 발굴한 정조어찰첩의 내용 개관」, 위의 책, 35~51쪽. 이 논문에 『정조어찰첩』의 일자별 내용이 도표로 정리되어 참고하기에 좋다.

34 임형택·진재교, 「해제」(백승호 외 7인 번역, 『정조어찰첩』), 468~469쪽. 이 내용을 바탕으로 수정했다.

35 혜경궁 홍씨, 앞의 책.

36 장유승의 앞의 논문 제4장 '어찰로 밝혀지는 사건의 내막과 숨겨진 의도'(앞의 책, 130~137쪽)에 사례가 정리되어 있다.

37 그 과정은 김성윤의 『朝鮮後期 蕩平政治 硏究』(지식산업사, 1997)와 유봉학의 『개혁과 갈등의 시대─정조와 19세기』, (신구문화사, 186~193쪽, 2009)에 설명되었다.

38 유봉학, 위의 책, 151쪽.

39 정조, 『홍재전서』「일득록」2, 김조순(金祖淳)의 기록.

40 정조, 위의 책, 권44, 「右議政蔡濟恭乞免疏批」.

41 정조, 「어찰」, 『靑松沈氏 晚圃家 寄贈古文書』, 경기도박물관, 2007, 240쪽. "卿則漸漸染汚於塵臼中, 沒摸稜, 無鱗甲. 旣無見人所不見之見, 又無言人所不言之言, 事或係於懲討, 則不分堂陛, 惟恐不嚴, 是亦士類之風乎?"

42 『승정원일기』 1798년 4월 6일~13일.

43 심환지, 『만포유고』, 「以內閣提學引義疏, 不果呈. 戊午四月」, 4책 48장. "夫言之激者, 可以警頹俗而作衰氣, 其言亦能爲今世士大夫之頂門一鍼, 則臣敢不爲聖朝一賀乎?"

44 "間闊頓然相阻, 卿其間眠耶醉耶? 抑往於何處而忘我實多耶? 或不欲相問而然耶? 此則稍閱爲恨, 有此委伻木瓜, 可得瓊琚耶?"(141; 1797.6.24)

45 채제공, 『樊巖集』, 「賜租記」, 문집총간 236집. "原任提學蔡. 上林租四斗, 畿農失稔, 穀貴如金, 可想荒郊調度艱乏. 獨此苑禾大熟, 玆送數斗. 些略雖愧, 可念記念之意否?"

46 정조, 『어찰등초御札謄抄』, 국립중앙도서관. "青綾永宵, 與喃喃者相對, 有何發人好意思耶? 諺云: '女兒計星, 星一吾一.' 對此歲饌, 庚卿餉歲, 與我同矣. 眞如諺所云也. 姑此. 戊臘旬日. 萬川明月主人翁書."

47 徐瀅修, 『明皐全集』 권10, 「敬跋御札頒賜歲畫後」, 문집총간 261집. "至如獎借勸勉欲念無入不自得之聖訓, 則雖慈父之保赤子·嚴師之導門弟, 蔑以加此. 嗟乎! 人生悠悠, 百年朝暮, 而所不可歷劫暫忘者, 知己之感是已."

48 "此中役役, 眼鼻莫開, 苦事苦事!"(548; 1799.12.26)

49 "此中稍勝, 後愈勝, 而民憂薰心, 朝家關念, 夜夜繞榻, 日覺衰憊, 其苦何可言?"(430; 1799.1.20)

50 "承慰, 三夜不接眠之餘, 今猶至今役役, 雖憊, 幸免委臥耳."(523; 1799.10.1)

51 "此中酬接之煩, 片隙難偸, 聽鷄而眠, 過午始飯, 疲鈍之精力, 日益銷耗而已."(348; 1798.10.7)

52 『일득록』 18권, 김조순의 기록.

53 "此中役役於酬應, 間以綸音構成, 數夜聽鷄, 苦哉!"(424; 1798.12.1밤)

54 "勸農求農書綸音, 聽聞必以爲可之."(위와 같은 편지)

55 "此中三餘之課工汨汨, 窓外事都不知之, 所耿耿在中者, 民事也. 惟望諸公之隨處宣揚, 隨事採探耳. 對卷倩草."(227; 1797.10.24)

56 "此中程督之嚴, 一如少年初讀時, 而老者筋力終有不逮處. 且況人名之互見雜出, 最難領略, 如亂跳之蚤, 捕之不得. 始知春秋之不易解, 甚於讀易之難, 呵呵!"(540; 1799.11.22)

57 홍취영에게 보낸 편지에도 "나는 날마다 바쁘다. 오늘은 또 申時를 넘기도록 식사를 걸렀으니 이 피곤함을 어찌 말로 하랴?"(임재완 편역, 『정조대왕의 편지글』, 66쪽)고 하여 바쁜 처지임을 토로했다.

58 "雨意尙濃, 周洽是望. 數宿來連勝? 此中眼眩瞀花如遮紵, 看書亦不敢生意. 蓋於朱書近百卷, 晝夜批圈之餘, 仍値悶旱, 又閱百一度案於齋居之中, 心血俱竭所致, 悶

事悶事!"(312; 1798.5.26)

59 정조, 앞의 책, 「日得錄」. "嘗侍燕閒, 教曰: '予有太陽症, 觸處輒露. 見人或似巧佞側媚, 則甚惡之, 不忍正視. 苟有直諒敢諫之士, 豈不嘉其人而喜受其言乎?'"(提學臣沈煥之丙辰錄)

60 정조, 앞의 책, 같은 곳. "予素有太陽症, 見人不韙處, 輒覺輪困不平, 至發於辭氣間. 此非帝王本色, 故近來雖痛自按住, 以沒模稜爲主, 終是氣質難改. 往往衝激之時, 不能自抑, 未知今人下甚工夫, 能作一味閒汨董樣子也."

61 "黃仁紀與金履秀, 果是何物, 乃敢鼓吻耶?"(617; 1800.4.29)

62 "觀也則通東壁時, 無他議者, 忽於加資, 有何可爭之端, 而三銓之抵死不爲擧行, 豈不切憤?"(452; 1799.4.21 저녁)

63 "而此人之徒看炎凉, 可謂眞胡種子, 爲之悶然. 近來貌樣, 本色漸漸掩不得, 爲之奈何?"(336; 1798.8.16) 이러한 심한 표현은 심환지, 서용보와 친하기 때문에 가능하기도 하다. 옛 지인들의 이러한 표현은 박지원의 간찰에도 등장한다. 안대회, 「楚亭 朴齊家의 인간면모와 일상─小室을 맞는 詩文을 중심으로」(『한국한문학연구』 36집, 2005) 주 34 참조.

64 "此中時樣不入眼, 事事徒令人心火自發. 火屬心, 從以眼花苦無差意, 切悶. 大抵所切痛者, 吏判也, 背面各異, 言行未孚, 如是而世道人志, 何時可靖耶? …… 右相貌樣, 亦若吏判爲徐僚之假子, 未知爲換腸之眞贓."(324; 1798.7.8)

65 한원진의 추증과 관련한 호론과 낙론 인사의 갈등은 18세기 유학사에서 매우 중요한 사건이다. 이 사건과 관련한 문건을 모아놓은 저작이 바로 『불이언不易言』(편자미상, 국립중앙도서관 소장 필사본)으로 제2권에 관련 자료가 묶여 있다. 사건의 구체적인 과정은 권오영의 「호락논변의 쟁점과 그 성격」(『조선 후기 유림의 사상과 활동』, 돌베개, 2003)을 참조하라.

66 〈529〉(10월 14일 아침), 〈530〉(같은 날), 〈531〉(같은 날 새벽), 〈532〉(10.16), 〈533〉(10.17), 〈540〉(11.22), 〈541〉(11.23. 아침), 〈542〉(11.24. 아침), 〈546〉(12.19)과 국립중앙박물관 소장 11월 20일발 편지가 그와 관련된 편지이다.

67 김매순, 『대산집臺山集』 8권 2~3장.

68 "又若金邁淳口尙乳臭者, 敢侮昔賢, 登諸筆端, 萬一一任其容易, 則其可曰朝廷有長老乎?"(540; 1799.11.22)

69 "然而近日跳踉之象, 始焉駭笑, 中焉竊歎, 繼之以振腕裂眦. 所謂金邁淳之乳口腥

臭, 未有人形者, 金履永之浮雜撓攘, 不識東西者, 以書以跋, 敢欲容喙於前輩議論者, 固妄矣."(541; 1799.11.23아침)

70 저자미상, 『雲窓瑣錄』坤, 국립중앙도서관 소장 필사본. "正廟己未湖西儒生疏 請南塘贈諡, 以理氣之說爲一編大旨. 疏中有辨諸家愈久之失七字, 盖指洛學也. 金邁淳作湖儒疏跋, 爲之爭詰. 正廟親製大文, 嚴斥三淵學術."정조가 김창흡의 학설을 비판했다고 한 문장은「正宗御製下金邁淳書」로『불이언不易言』에 실려 있다.

71 "來示金達淳·徐邁修之札, 尤不滿一笑. 邁是五臟呼不居半, 達亦到處銅臭, 人皆掩鼻. 此輩之言, 若爲輕重於世道, 則其世道者可知矣."(위의 편지)

72 "夜間何候, 此中憒憒於近來漢所爲, 夜搆此草, 幾至五更後. 吾之性度, 亦可謂別異, 還可呵也. 覽後, 須勿煩人, 如何如何?"(542; 1799.11.24아침)

73 실록과『南塘年譜』, 그리고 손자인 沈宜堯가 쓴「家狀」에서도 이를 심환지의 견해에 따른 것이라고 밝혔다.(『靑松沈氏 晩圃家 寄贈古文書』, 경기도박물관, 2007, 221쪽)

74 "室中快差耶! 蔘柢奉, 助藥用耳!"(406; 1796.11.그믐)

75 "扇封送之耳. 此鰒此淸味甘, 欲與卿分嘗, 少許伴簡耳."(501; 1799.5.2)

76 "如今盛熱, 行年近五十所初見, 比候萬相. 此中今日略備小饌, 以伸慶祝之誠, 而以一檣因襯分呈, 望須領嘗耳."(511; 1799.6.20)

77 "三百張內未及, 已料其然, 而來頭自有長長時節, 何時不可爲, 而吾卽必欲爲於今番者, 欲令卿見科慶於未甚衰老時. 向後此所爲計, 何可必. 大抵此亦履歷不足之致耳."(524; 1799.10.1)

78 "昨所入勞, 誠不些, 吾何負貰於卿, 而於卿事用力乃爾耶? 且呵且苦!"(450; 1799.4.17)

79 "間阻書倅, 比候如何? 此中臂痛甚苦, 槩晝坐夜臥, 必於廳軒而然, 房窄所致, 雖苦無奈, 眞所謂無傘之家, 何以堪爲也."(622; 1800.윤4.12)

80 徐居正, 『筆苑雜記』1권, 『大東野乘』제1輯, 朝鮮古書刊行會, 306~307쪽. 1909. "柳文貞公寬, …… 嘗霖雨經月, 屋漏如痲. 公手傘庇雨, 顧夫人曰: '無傘之家, 何以能堪?' 夫人曰: '無傘者, 必有備.' 公笑."

81 조진관은 아버지가 조엄이고, 조엄의 아내는 혜경궁의 막내고모였다. 정조는 즉위 초 이 집안과 홍인한 집의 다툼을 보고 안타까워했다. 혜경궁 홍씨도 정조도 이 집안을 그다지 달가워하지는 않아 이러한 말을 한 듯하다.

82 "蔡相家往唁不可不爲, 生時坐於一席而言笑, 身後不爲一問, 萬萬非其情, 且朝體尤當若此耳."(530; 1799.10.14)

83 "移柩斗湖時, 無一往見者云, 所謂士流貌樣, 胡至如彼, 使人不覺振腕."(430; 1799.1.20)

84 김효경, 「조선시대 간찰 서식 연구」, 한국학중앙연구원 박사학위논문, 2005.

85 新反이 이두용어임은 고전번역원 최병준 선생이 말씀해주셨다. 정조는 이두 표현을 즐겨 썼다. 한 예를 들면, "今乃不効含珠之蛇, 新反反爲嚙主之狗"(正祖, 『弘齋全書』, 문집총간 267책, 「審理錄」 23권)를 들 수 있다.

86 정조는 다른 곳에서 '左右看'이 속어임을 밝혔다. "若使近日各右其說之峻者觀之, 必當歸之於俗所謂左右看手段."(正祖, 앞의 책, 265책, 「鄒書春記一」)

87 "嶺札亦從徐書已見抵右相者, 此札似當一般, 而其筆劃如鳥足, 如吾火多之漢, 不能耐煩看, 一番涉獵後, 玆遺之耳."(227; 1797.10.24)

88 "明日常參有命, 卿以獨相入來, 何可無一言, 或有思得之好淬料耶?"(629; 1800.5.1.밤)

89 "監役如不歸之少論, 又將喫得如何辱說耶? 呵呵!"(237; 1797.12.21. 저녁)

90 "鄭東翼事, 此等處何不臨機闊狹, 空然喫得惡談耶?"(238; 1797.12.22)

91 "昨令益也打起左相, 須卽箚陳矣. 因吾指揮, 使左相喫得一鉢辱說, 咄咄何言."(138; 1797.6.5)

92 "翊也許, 卽卽吹耳如何."(209; 1797.7.21)

93 정조는 "신임 대사성[尹光顔]은 이조판서의 처지를 위해 어쩔 수 없이 중비(中批)했다. 노론 선비들은 심지어 월강(月講)에 불참하고 시험장에 들어가지 않으려고까지 한다. 이전 대사성과는 차이가 있으니, 너무 지나친 것이 아닌가? 여론이 어떠한지 모르겠다"(612; 1800.4.17)고 말하고 노론 유생의 반대에 부딪혀 결국 대사성을 체직했다.

94 "至於泮長, 則老論豈不欲一言? 而儒通之說, 眞所謂露尻受拳. 無論如此如彼, 暗中之杵, 每出於雜流自爲之擅恣, 其習何可長也?"(633; 1800.5.22.저녁)

95 "其周堂不歸於別處, 眞所謂司僕川邊, 爲之一呵."(239; 1798.1.9)

96 "而且說一大臣, 固可謂憎蠅, 一大臣以愛蠅混被, 亦豈有如許事耶?"(242; 1798.1.19.저녁)

97 "魚用九投入今番閨場云, 眞所謂棚戲之缺唇生員."(409; 1798.10.21.아침)

98 "其人豈一匙飽一匙饑者耶?"(339; 1798. 9. 15. 밤)

99 安大會, 「正祖의 문예정책」, 『장서각』 제3집, 한국학중앙연구원, 2000.

100 홍취영에게 보낸 1799년 7월 7일의 편지에서도 현기증 때문에 독서에 전념하지 못하는 괴로움을 토로했다. "나는 열기가 위로 치솟고 등은 뜸을 뜨는 듯하고 눈은 횃불 같아서 헐떡일 뿐이다. 눈이 현기증이 심해서 책상에서 독서에 전념할 수도 없고 특히 괴로움을 견디지 못하게 만든다."(앞의 책, 86쪽)

101 "나는 아직 완쾌하지 않아 지금까지 이불을 두르고 신음하고 있다. 처음 당하는 고통이라 하겠으니, 근심스럽기 이를 데 없다. 그렇지만 며칠 뒤에는 억지로라도 세수와 빗질은 할 수 있을 듯하다."(110; 1797.1.11)

102 "此中眼眵忽熾, 頭面浮高, 喉肺燥渴, 於眵不膿之時, 連喫凉料, 膿意姑杳然. 大抵太陽雜証, 都歸於少陽諸經, 耳根齒痕之核, 迭爲痛楚, 其苦何狀."(612; 1800.4.17)

103 "承慰. 此中肚裡之火, 有升無降, 當暑越添, 其間所喫凉劑, 不知爲幾許貼. 盖於坐邊常置藥籠, 隨意煎喫, 昨日則以人皆知之, 不得已欲尊體貌, 書出湯劑榻敎, 而今年內黃連幾喫斤近處, 而如飮冷水, 豈非可惑之甚耶? 此外長喫照氷之水, 與貼背於冷埈張板上轉側者, 皆可悶, 姑此."(639; 1800.6.15)

104 혜경궁 홍씨, 앞의 책.

105 같은 책.

106 이서구의 아들 이시영은 정조가 「오회연교」를 반포하면서 이서구를 크게 쓸 생각을 드러냈다고 말했다. 李薦永 편, 「惕齋先生年譜」, 『惕齋集』, 문집총간 270집. "居數日, 上召見大臣有司堂上右相李公時秀·有司堂上趙公鎭寬及徐公·府君, 敷示義理之大原·丙申以後朝著進退之由, 縷縷千萬, 嚴正惻怛. 命諸臣悉心闡明, 屬意府君爲甚, 卽五晦筵教也. 府君以爲聖意期欲牖迷導俗, 偕底大道如此, 不可無一言而對揚, 遂論時象以陳. 跣上, 優批嘉納, 頒示御詩, 因命賡進, 而衆怒已熾矣." 학계에서는 이서구가 정조의 「오회연교」를 준엄하게 비판하였다고 이해했으나 실제로는 정조의 지시에 찬동하는, 즉 대양(對揚)하는 취지였음을 알 수 있다.

수신자	발신자	내용(폭幅)	첩帖	소장처
홍봉한 洪鳳漢	영조	수서手書 25	1	
	사도세자	예찰睿札 26, 예제睿製 1 총27	1	야마구치 현립 도서관 소장
	정조	예찰 311, 예시睿詩 2, 어찰御札 15 총328	10	야마구치 현립 도서관 소장. 국립중앙도서관 1첩. 개인소장 1 첩(38폭). *홍낙윤 발문跋文
홍준한 洪駿漢	정조	예찰 2, 예필睿筆 8, 어찰 33, 어시御詩 3, 게어偈語 1 부(홍낙선樂宣·낙관樂寬): 어찰 4, 어시 2 총53	1	
홍용한 洪龍漢	영조 사도세자 정조	어서 2 예필 1 예필 8 1첩 총11 예찰 7, 어찰 53, 어제시문 16, 게어 1 부(낙수樂受·낙유樂有): 어찰 6, 어시 3 2첩 총86	3	8대 종손 홍기창洪起昌 소장 *홍용한 발문
홍낙인 洪樂仁 여흥민씨 驪興閔氏	정조	예찰 79, 예시睿試 3 2첩 총82 예필 2, 예찰 7, 어찰 7 1첩 총16	2 1	여흥 민씨에게 보낸 서찰은 개인 소장
홍낙신 洪樂信	정조	예찰 59, 예시 5, 어찰 11 어시 5, 게어 1, 사기射記 1 어찰 19(후영後榮) 4첩 총201 어찰 10(철영撤榮, 惇敍有司所) 1첩 총10	5 1	야마구치 현립 도서관 소장 *홍후영 발문
홍낙임 洪樂任	정조	예찰 93, 예시 5, 어찰 301, 어제시문 40, 별록別錄 64 총503(565)	15	국립중앙박물관 소장 2첩, 개인 소장 1첩 연세대 4첩 *홍취영 발문
홍낙윤 洪樂倫 누이	정조	어찰 32	1	
홍낙윤 洪樂倫	정조	예찰 41, 예시 2, 어찰 93, 게어 1 부(서영緖榮·위영緯榮·기영紀榮): 어찰 6, 어시 4 총154	4	
홍수영 洪守榮	정조	예찰 2, 어찰 180, 어제시문 4 총186	4	
홍취영 洪就榮	정조	예찰 1, 어찰 99, 어제시문 13 유지諭旨 별록 46, 게어 1 총160	4	리움미술관 소장 1첩 *홍취영 발문
홍최영 洪寂榮	정조	어찰 14	1	

수신자	발신자	내용(폭幅)	첩帖	소장처
홍수영 홍봉한	영조 정조	수서 1 예필(홍낙인·수영 소장) 63 총64	1	
*홍낙임	사도세자 정조	예시 8 예화睿畵 8, 예필 38, 예제睿製 5 총59	1	
*홍낙윤	정조	예필 69, 어시 32 총101	3	야마구치 현립 도서관 소장

총 58첩 2094폭 정조 예찰 602폭, 어찰 983폭. 이 밖에도 홍인한洪麟漢에게 세손 시절에 보낸 『정조어서첩正祖御書帖』(아들 홍낙술洪樂述이 1806년에 쓴 발문이 있음)이 수원박물관에 소장되어 있다.

＊이상의 현황표는 1806년 어필정리사업을 총지휘한 혜경궁 홍씨의 친동생 홍낙윤洪樂倫이 쓴 어찰첩 발문의 내용을 바탕으로 서울대 국문학과 권두환 교수가 작성한 도표에 필자가 새로 찾은 사실을 첨가하고 내용을 수정하여 작성했다. 권 교수의 도표는 2009년 9월 22일 수원화성박물관 개관기념 학술대회에서 발표한 「정조어찰첩의 설득력과 논리」에 부록으로 실려 있다.

『朝鮮王朝實錄』, 『承政院日記』, 『日省錄』.

경기도박물관 편, 『靑松沈氏 晩圃家 寄贈古文書』, 경기도박물관, 2007.

경남대박물관, 『시서화에 깃든 조선의 마음 — 경남대박물관 소장 데라우치 문고 보물』, 2006.

국립중앙박물관, 『정조임금편지』, 그라픽네트, 2009. 12.

국립청주박물관, 『우암 송시열』, 국립청주박물관, 2007.

권오영, 『조선 후기 유림의 사상과 활동』, 돌베개, 2003.

김매순, 『臺山集』, 국립중앙도서관 소장 간본.

김문식, 「정조 말년의 정국 운영과 심환지」, 『대동문화연구』 제66집, 2009.

_____, 「蔡濟恭家 소장 正祖의 御筆」, 『書誌學報』 29, 韓國書誌學會, 2005.

김성윤, 『朝鮮後期 蕩平政治 硏究』, 지식산업사, 1997.

김효경, 「조선시대 간찰 서식 연구」, 한국학중앙연구원 박사학위논문, 2005.

박광용, 『영조와 정조의 나라』, 푸른역사, 1998.

박철상, 「새로 발굴한 정조어찰첩의 자료적 가치」, 『대동문화연구』 제66집, 2009.

박현모, 『정치가 정조』, 푸른역사, 2001.

백승호, 「새로 발굴한 정조어찰첩의 내용 개관」, 『대동문화연구』 제66집, 2009.

서거정, 『筆苑雜記』 1권, 『大東野乘』 제1輯, 朝鮮古書刊行會, 1909.

송신용 주해, 『漢陽歌』, 正音文庫本, 정음사, 1949.

심노숭, 『孝田散稿』, 연세대 소장 사본.

안대회, 「어찰의 정치학: 정조와 심환지」, 『역사비평』 87, 역사문제연구소, 2009 여름호.

_____, 「어찰첩으로 본 정조의 인간적 면모」, 『대동문화연구』 제66집, 2009.

_____, 「正祖의 문예정책」, 『장서각』 제3집, 한국학중앙연구원, 2000.

_____, 「楚亭 朴齊家의 인간면모와 일상 — 小室을 맞는 詩文을 중심으로」, 『한국한문학연구』, 36집, 2005.

예술의 전당, 『朝鮮王朝御筆』, 예술의 전당 서울서예박물관, 2002.

유봉학, 『개혁과 갈등의 시대 ─ 정조와 19세기』, 신구문화사, 2009.

이덕일, 『조선왕독살사건』 2, 다산초당, 2008.

이수덕, 『正祖大王御筆墨蹟集上』, 진현사, 2004.

저자미상, 『雲窓瑣錄』坤, 국립중앙도서관 소장 필사본.

이인숙, 『正祖의 詩書畵 연구 ─ 국왕 문예의 정치성과 심미성』, 영남대 한국학과 박
　　　사학위논문, 2008.

임재완 편역, 『정조대왕의 편지글』, 삼성문화재단, 2004.

장유승, 「정조어찰첩의 사료적 성격 ─ 승정원일기와의 대조를 중심으로」, 『대동문
　　　화연구』 제66집, 2009.

正祖, 『正祖御札帖』上下, 백승호 외 7인 탈초·번역·윤문, 성균관대 출판부, 2009.

____, 『弘齋全書』, 문집총간 262~267책, 한국고전번역원.

조성산, 『조선후기 낙론계 학풍의 형성과 전개』, 지식산업사, 2007.

편자미상, 『不易言』, 국립중앙도서관 소장 필사본.

한솔종이박물관, 『조선의 왕 ─ 어필로 보는 조선 500년』, 한솔종이박물관, 2001.

한신대학교박물관, 『正祖大王 逝去 二百周年 追慕展』, 2000.

혜경궁 홍씨, 『한중록』, 정병설 옮김, 문학동네, 2010.

'키워드 한국문화'는 한국의 역사와 문화를 재발견하는 작업이다. 한국문화의 정수를 찾아 그 의미와 가치를 정리하는 일이다. 한 장의 그림 또는 하나의 역사적 장면을 키워드로 삼아, 구체적인 대상을 통해 한국을 찾자는 것이다. 처음 소개되는 것도 있을 것이고, 잘 알려져 있더라도 이제야 그 진면목이 드러나는 것도 있을 것이다. 영상과 멀티미디어에 익숙한 현대적 감각에 맞추어 시청각자료를 풍부히 활용하고자 했다. 우리 것이니 당연히 알아야 한다는 의무감에서가 아니라, 같은 땅에 살았던 사람들의 삶의 이야기를 조근조근 들려주어 자연스레 책을 펼쳐볼 수 있게 했다. 이로써 멀게만 느껴졌던 인문학과 독서대중의 간극을 좁히고자 했다.

한국문화를 전혀 모르는 사람들에게나, 어렴풋이 알고 있다고 생각하지만 선입관에 사로잡힌 사람들에게, 또 좀더 깊이 알고자 하지만 길을 찾지 못하는 사람들에게 '키워드 한국문화'는 좋은 안내자가 될 것이다. 한국이 어떤 나라인지 묻는 외국의 벗에게 이 책 한 권을 건넴으로써 대답을 대신할 수 있을 것이다. 책이 한 권 한 권 간행될수록 한국문화의 특징과 아름다움이 더욱 선명히 모습을 드러내리라 믿는다. 책으로 만든 '한국문화 특별전시관'의 완공을 손꼽아 기다린다.

키워드 한국문화 기획위원
김문식, 박철상, 신수정, 안대회, 정병설

키워드 한국문화 2

정조의 비밀편지

ⓒ 안대회 2010

1판 1쇄 │ 2010년 1월 8일
2판 7쇄 │ 2015년 1월 28일

지은이 안대회
펴낸이 강병선

책임편집 구민정 │ 편집 임혜지 오동규 │ 독자모니터 유중모
디자인 엄혜리 한충현 김민하
마케팅 정민호 이연실 정현민 지문희 김주원 │ 온라인마케팅 김희숙 김상만 한수진 이천희
제작 강신은 김동욱 임현식 │ 제작처 영신사

펴낸곳 (주)문학동네
출판등록 1993년 10월 22일 제406-2003-000045호
주소 413-120 경기도 파주시 회동길 210
전자우편 editor@munhak.com │ 대표전화 031)955-8888 │ 팩스 031)955-8855
문의전화 031)955-1933(마케팅) 031)955-2645(편집)
문학동네카페 http://cafe.naver.com/mhdn
문학동네트위터 @munhakdongne

ISBN 978-89-546-0992-0 04900
      978-89-546-0990-6 04900 (세트)

＊ 이 도서의 국립중앙도서관 출판시도서목록(CIP)은 e-CIP 홈페이지(http://www.nl.go.kr/ecip)에서 이용하
   실 수 있습니다.(CIP제어번호: CIP2009004121)

www.munhak.com